El poder infinito
de la oración

Creer es crear

LAURO TREVISAN

El poder infinito de la oración

Creer es crear

EDICIONES OBELISCO

Si este libro le ha interesado y desea que le mantengamos informado
de nuestras publicaciones, escríbanos indicándonos qué temas son de su interés
(Astrología, Autoayuda, Ciencias Ocultas, Artes Marciales, Naturismo, Espiritualidad,
Tradición...) y gustosamente le complaceremos.

Puede consultar nuestro catálogo en www.edicionesobelisco.com.

Colección Nueva conciencia
EL PODER INFINITO DE LA ORACIÓN
Lauro Trevisan

1.ª edición: junio de 2011

Título original: *O poder infinito da oração*

Traducción: *Almut Dengl*
Maquetación: *Marga Benavides*
Corrección: *Leticia Oyola*
Diseño de cubierta: *Enrique Iborra*

© 2007, Lauro Trevisan y Dinalivro
(Reservados todos los derechos)
© 2011, Ediciones Obelisco, S. L.
(Reservados los derechos para la presente edición)

Edita: Ediciones Obelisco, S. L.
Pere IV, 78 (Edif. Pedro IV) 3.ª planta, 5.ª puerta
08005 Barcelona - España
Tel. 93 309 85 25 - Fax 93 309 85 23
E-mail: info@edicionesobelisco.com

Paracas, 59 - Buenos Aires
C1275AFA República Argentina
Tel. (541 - 14) 305 06 33
Fax: (541 - 14) 304 78 20

ISBN: 978-84-9777-753-7
Depósito Legal: B-18.479-2011

Printed in Spain

Impreso en España en los talleres gráficos de Romanyà/Valls S. A.
Verdaguer, 1 - 08786 Capellades (Barcelona)

*A partir de ahora vivirás la vida de tus sueños,
llena de amor, riqueza, salud, paz, alegría y éxito.*

Por qué leer este libro

No hay nada más gratificante que descubrir las grandes fuerzas que impulsan al ser humano, a la vida y al universo.

Cuando oyes que alguien rezó en pleno accidente y salió ileso; que alguien estaba condenado a muerte, con cáncer, que hoy goza de una salud perfecta; que alguien cayó al mar, rezó y consiguió sobreponerse a las olas durante más de 20 horas hasta su rescate; que alguien rezó para que lloviera, porque la sequía estaba diezmando el cultivo, y llovió; que alguien no tenía nada, rezó para pedir una casa y ya está viviendo en esa casa; que a alguien le quedaba un mes de vida, oró a Dios y ahora está mejor que nunca, y tantos otros casos increíbles, no puedes evitar una exclamación de asombro: «¡No puede ser!».

Con este libro, entrarás en contacto con la fuerza más poderosa del mundo –la fuerza de la oración–, que es la suma del poder de la mente, el poder de la fe y el poder de Dios en la criatura humana.

No pierdas tiempo.

Éste es un libro diferente. Explosivo. Fantástico.

Al oír hablar de fenómenos grandiosos, milagros asombrosos, resultados increíbles, manifestaciones incomprensibles de fuerzas poderosas, como mínimo hay que admitir que cuando el río suena, agua lleva.

No en vano Jesús dijo:

«Y todo cuanto pidiereis en la oración, si tenéis fe, lo alcanzaréis». (Mt 21, 22).

Haz tu descubrimiento

Puede que la oración tenga, para ti, sabor a comida sin sal, a caduco, por eso, evitas frecuentar lugares donde se reza.

¿Sabes por qué pasa eso?

Porque te estás comiendo la cáscara y tirando la fruta. Lee este libro sin miedo, sin prejuicios, sin tabúes y sin dogmas.

Tú, lector, eres muy inteligente y, sin duda, captarás la esencia de este fenómeno y llegarás a pulsar el botón que acciona la fuerza más poderosa del mundo. ¡Vamos! ¡Adelante! ¡Ahora mismo!

Estás a un paso del descubrimiento más espectacular.

No te resistas, porque éste es tu gran día.

Enhorabuena.

Capítulo I

La búsqueda de la verdad

La tarde estaba llegando a su final.

Reunido en la amplia veranda, el grupo estaba tomando *chimarrão* y conversando animadamente.

Chimarrão es una bebida muy popular en Río Grande del Sur y en todo Brasil. La hierba mate se coloca en una calabaza seca, perfectamente esculpida y pulida, dejando espacio para añadirle agua caliente. A través de una bombilla que, por lo general, lleva una boquilla de oro, se va bebiendo poquito a poquito. Esto es tomar *chimarrão*. En un ritual tranquilo y agradable, se sirve el *chimarrão* a cada persona. Mientras tanto, la conversación sigue fluyendo.

En una de esas conversaciones, la dueña de la casa comentó que debía ir a la iglesia para participar en una novena.

—Una cosa que yo no entiendo –dijo una joven– es por qué la gente reza. Eso me parece ultrapasado. Huele a Edad Media.

—Mucha gente reza porque lo aprendió de sus antepasados –opinó un señor de mediana edad–. Ellos rezaban, le enseñaron a los hijos, y éstos siguieron rezando. Creo que es una cuestión de costumbre.

—Entonces, se parece a ese chiste del guarda del banco del jardín del cuartel.

—Cuenta –la animó el hombre que estaba tomando su *chimarrão.*

—Dice que el sargento del día mandó pintar un banco en el jardín del cuartel. Para evitar que algún soldado se sentara inadvertidamente en el banco recién pintado, mandó a un soldado vigilar el banco. El siguiente día, mandó a otro soldado vigilar el banco. El sargento fue transferido a otro destino y su substituto, al examinar las órdenes del día anterior, siguió mandando a un soldado a vigilar el banco. Al cabo de cinco años, alguien quiso saber por qué había siempre un vigilante delante del banco del jardín y nadie sabía explicarlo. Todos se habían limitado a recibir.

—Como chiste vale –intervino la dueña de la casa–, pero nosotros rezamos porque la oración es una conversación con Dios. Y tenemos que rezar, si no, las cosas se alteran.

—Está bien –respondió la muchacha de tejanos––, pero si la oración es una conversación con Dios, ¿por qué pasamos todo el tiempo en la iglesia escuchando a los demás rezando lo que quieren y no lo que nosotros queremos? ¿Y por qué se leen las oraciones que están en los libros? ¿Esto es conversación?

—Sí, pero es verdad que la oración ha hecho muchos milagros –se defendió la dueña de la casa–. Yo conozco a personas desengañadas de los médicos que se curaron por medio de la oración.

—En mi opinión –retomó la palabra la joven que la había iniciado–, rezar es una superstición que ya no es compatible con nuestra época actual tan avanzada.

—Si fuera una superstición –la interrumpió un viejo muy culto—, entonces, ninguna persona culta e instruida rezaría jamás. Pero, en realidad, todo el mundo reza, incluso los científicos más grandes. ¿Nunca escuchaste decir que muchos de los grandes científicos actuales rezan?

—Está bien –dijo la muchacha–, pero mucha gente reza sólo porque los padres, los curas, los líderes religiosos mandan rezar y dicen que quien no reza no se salva. ¿Pero qué tiene que ver la oración con la salvación? Coge un libro de oraciones y fíjate en lo que está escrito. Entra en un templo y examina los contenidos de las oraciones…

—¿Sabéis que? –replicó el viejito–. El Maestro Jesús dijo que todo lo que se pide en la oración se consigue, y a eso voy. Puesto a elegir entre conversar con vosotros, que ni siquiera habéis estudiado los orígenes de la oración y el Maestro Jesús, me quedo con Jesús, pues Él sabía…

—¡Bueno, bueno, tal vez sí! –gruñó alguien, cerrándose con eso el asunto.

Los orígenes

Donde quiera que vayas siempre encontrarás gente rezando.

Si recorres los grandes conglomerados humanos, o buscas en medio de la selva, entre los salvajes, en regiones inhóspitas, en medio de gente ignorante, entre médicos y científicos, en compañía de profesores universitarios, siempre encontrarás personas que rezan.

En este mismo momento hay millones de personas rezando.

La materia prima de todas las religiones del mundo es la oración.

El ser humano reza desde los tiempos más remotos.

Si hicieras una encuesta entre la población para saber por qué reza cada uno, saldrán muchas respuestas del tipo:

Rezo porque mis padres me enseñaron a rezar.

Rezo porque así lo manda mi religión.

Rezo porque mi catequista me lo enseñó.

Rezo porque el padre o el cura dijeron que era nuestra obligación.

Rezo porque, si no rezo, no me salvo.

Rezo porque es la obligación de todo cristiano.

Rezo porque siempre he rezado.

Rezo para que Dios me ayude.

Rezo porque así lo manda la Iglesia.

Rezo para pedir algo a Dios.

La oración siempre ha existido en la Tierra, ya desde el primer habitante. Si la oración fuera una especie de amuleto o de superstición de los pueblos primitivos, hoy en día ya nadie rezaría, porque la evolución de la humanidad a lo largo de tantos milenios ha sido realmente tremenda. Actualmente, hay una comprensión mucho mayor del mundo mental, espiritual y cósmico.

Además, si la oración subsistiera sólo por las órdenes de los líderes religiosos, la ciencia habría abolido esa obligación.

El mero hecho de que el hombre haya rezado desde que vivió en cavernas y que esa práctica se haya conservado hasta nuestros días, ya indica que la oración tiene algo de profundo, trascendente e inamovible.

Si la oración, en la época actual, fuera nada más que un residuo de la ignorancia de otra época, muy poca gente rezaría. Sin embargo, el mundo sigue orando más que nunca.

Hoy en día, ya nadie estaría usando una práctica que no tiene sentido.

Antiguamente, por ejemplo, se pensaba que la Tierra era plana; hoy ya nadie afirma eso. Antiguamente, se afirmaba que la Tierra estaba fija en un punto y que el Sol giraba alrededor de ella; hoy está científicamente demostrado que sucede exactamente lo contrario. No podemos mantener un pensamiento obsoleto sólo porque la Iglesia de la Edad Media enseñara que la Tierra estaba inmóvil, pues la ciencia ha demostrado que nuestro planeta se mueve alrededor del Sol.

Si la humanidad continúa rezando, y lo hace cada vez más, es porque, cada día se comprueba la gran utilidad y necesidad de la oración, no porque antiguamente se enseñara que el hombre debe orar, ni porque la oración sea una mera superstición de los pueblos primitivos.

La oración es un contacto con Dios

Se sabe que en el fondo de la criatura humana residen el Poder Infinito y la Sabiduría Infinita; o, en otras palabras, allí se halla Dios, el Padre, el Yo Superior, la Fuente de la Vida, la Presencia Divina, la Energía Superior, la Luz Infinita, el Espíritu Santo.

No importa el nombre que se le dé a esa Presencia; lo que importa es el reconocimiento de esta verdad.

Jesús decía que dentro de cada uno está el Padre: «Tú, al contrario, cuando hubieres de orar, entra en tu aposento y, cerrada la puerta, ora en secreto a tu Padre, y tu Padre, que ve en lo secreto, te recompensará».

El secreto es tu propio interior.

Huberto Rohden, en su libro *Jesus Nazareno* (no publicado en español), escribió: «la oración es el despertar del Padre en el hombre, una realización de Dios en el hombre, una concienciación de la presencia de Dios en el hombre».

Pero ¿qué Dios es ése que está en mí?

¿Cómo puedes esperar una respuesta sobre el Infinito, siendo tú finito, teniendo tan poca comprensión? Si es poco o nada lo que sabes sobre el origen de la mariposa, de la gallina, del huevo, de la energía eléctrica o de la vida de un pájaro cantor, todos ellos seres o cosas con los que tenemos contacto permanente y que pertenecen a las dimensiones materiales del mundo, ¿cómo esperas englobar a Dios en tu raciocinio? Sería igual que esperar que una gota contuviera todo el océano Atlántico.

Dijo Rajneesh: «No preguntes si Dios existe; pregunta si tú existes».

Medita sobre tu realidad, tu dimensión y, con el borde de tu abrigo, tocarás las rayas del Infinito. Pero, jamás alcanzarás todo el Infinito.

Tú reconoces Dios a través de ti mismo.

Masaharu Taniguchi escribió:«Hoy, igual que mañana, el espíritu de Dios está eternamente dentro de ti, orientándote y vivificándote».

El contacto con tu Dios interior se produce por medio de la oración. Éste es el lenguaje de la religión. Cualquier pensamiento, palabra o imagen dirigidos a Dios se llama *oración*.

Catherine Ponder escribió al respecto: «La oración es la forma de pensamiento que conecta al hombre con Dios».

Pensar, hablar, imaginar, escribir, cantar, soñar, desear y pedir son actos mentales. Por tanto, si en esos pensar, hablar, imaginar, escribir, cantar, soñar, desear y pedir, te estás dirigiendo a Dios, es una oración.

Las leyes de la mente y las Leyes Divinas tienen el mismo origen: Dios.

¿Todavía se reza mucho?

La oración es una práctica que se puede desechar, olvidar, postergar, desacreditar y contradecir, pero nadie puede estar seguro de que no volverá a rezar.

La plegaria está más allá de las costumbres, creencias, convicciones y decisiones.

De repente, en pleno vuelo, comunican que el avión en el que te encuentras tiene una avería, y tú, que hace treinta y cinco años que no rezas, instintivamente pensarás en rezar. Y rezas. ¿Qué impulso tan extraño es este que empuja a alguien a rezar?

Si hoy te dijeran que tienes una enfermedad incurable en estado avanzado y que la muerte está cerca, ¿dejarías de rezar?

Un famoso presidente de los Estados Unidos, Abraham Lincoln, confesó lo siguiente: «Muchas veces he sentido el impulso de arrodillarme, por la aplastante convicción de que no tenía otra cosa que hacer. Mi sabiduría y la de todos a mi alrededor parecía insuficiente en aquellos momentos».

Catherine Ponder expresó una gran verdad en uno de sus libros: «la plegaria es un don innato en el hombre y no una práctica ajena ni algo misterioso».

La oración es el lenguaje natural de este ser humano divino llamado hombre. Esta verdad se pone de manifiesto de forma más clara y dramática en la medida en que la criatura humana no encuentra las soluciones por medio de la mente racional y analítica.

Cuenta Spencer Kinard: «Una frase muy pronunciada por aquellos que vuelven de una guerra es: "en una trinchera no existen ateos". Y creo que podemos añadir que, como sugiere el himno de la Marina de Estados Unidos, tampoco existen ateos en las naves que se hunden o en los aviones averiados. Cuando pasamos miedo, cuando estamos preocupados por el futuro y, seguramente, cuando nuestra vida está en peligro, nos volvemos hacia el Creador, pidiendo socorro y orientación. ¡Qué alegría y consuelo es saber que hay alguien allí a quien recurrir en la hora de necesidad!». *The Word of a smile: Spoken words for daily living* («El valor de una sonrisa: palabras para la vida diaria»).

Recuerdo una historia que, según me contaron, aconteció cuando naufragó el transatlántico más grande del mundo, el *Titanic*, en su viaje inaugural. Como se consideraba un buque prácticamente incapaz de naufragar, contaba con pocos botes salvavidas. Según he leído, aproximadamente 700 personas se salvaron y 15.000 murieron por falta de botes salvavidas. Mientras que la nave se iba hundiendo, con toda la multitud de pasajeros en estado de pánico, la orquesta en la cubierta tocó la canción religiosa: *Más cerca de mi Dios*. Cuando todo estaba perdido, el pensamiento de aquellas personas se volvió hacia Dios.

Parece que en esos momentos cruciales de la vida humana, la oración no tiene nada que ver con la obligación, la costumbre o la tradición.

La oración es un don innato, porque es la única vía de conexión entre tú y el Dios Todopoderoso y omnisciente que habita en tu mente interior.

La oración es la marca divina en el corazón humano. Por eso, tú sigues orando y las multitudes también. Incluso desde la cúspide de tu incredulidad, jamás podrás tener la certeza de que no nunca volverás a rezar.

La explicación está en que no se puede definir a Dios, pero tampoco se le puede negar; y la oración es el camino por el cual entramos en contacto con Dios.

Cuando tus fuerzas acaban, cuando tu inteligencia se da por vencida, cuando tu luz se apaga, cuando te encuentras en un callejón sin salida, cuando tu túnel no tiene final, te diriges a un ser superior, capaz de hacer posible lo imposible, de resolver lo insoluble, de curar lo incurable. Eso es orar.

Oración es energía

Muchas veces he dicho que el pensamiento es energía. Existen artefactos para medir la energía irradiada por el pensamiento.

La palabra es una forma de pensamiento.

La idea es una forma encadenada del pensamiento.

La imaginación es una forma de pensamiento.

La oración es una forma de pensamiento. Por tanto, la oración es, ante todo, energía mental.

Al tener un contenido espiritual, la oración debe comprender una energía mental y espiritual. Pero, al ser, además, una forma de contacto con Dios, se deduce que esa energía aún se multiplica al infinito.

Taniguchi escribió: «Incluso cuando todo parece tinieblas, no habrá ninguna preocupación, ni temor, si reconocemos que dentro de nosotros existe una fuerza infinita. A mi oración responden cielo y tierra».

La plegaria –dice Rajneesh– es ese emerger de energía.

Ese estado intrínseco de la oración es un contacto con la luz, y luz es energía. Por eso, el aura de una persona que reza se ilumina.

Se puede hasta ver un halo de luz en los grandes místicos, en los santos. Esa energía que fluye y refluye de ti, en la oración, se puede transmitir a otra persona, cuando tu plegaria se dirige a esa persona. Tu oración por alguien enfermo es una gran proyección de Energía Superior en esta persona.

Los tipos de energía

—Pero, entonces –preguntarás–, ¿existen muchos tipos de energía?

Energía es fuerza, y la manifestación de esa fuerza puede tener las formas más diversas. Pensemos, por ejemplo, en las hidroeléctricas, las termoeléctricas y las centrales atómicas. Se puede canalizar la totalidad de esas energías a través de un conductor único y hacer que llegue hasta la iluminación de tu casa o al motor de tu industria.

Esto quiere decir que la energía es una sola, pero sus formas de manifestación pueden ser muchas.

Rajneesh dice lo siguiente: «La energía de por sí es neutra. Cuando se expresa a nivel biológico, es sexo; expresada emocionalmente, puede convertirse en amor, en odio o en rabia; expresada intelectualmente, puede volverse científica; cuando pasa por la mente, se transforma en algo mental. Las diferencias no son diferencias de energía como tal, sino de las manifestaciones aplicadas a ella». (*Psicología de lo esotérico*).

Como la plegaria alcanza el Infinito, la manifestación de la energía alcanza una fuerza infinita.

Si la energía de una bomba atómica puede derrumbar una montaña, ¿por qué la energía de la fe no puede remover montañas, ya que la fe es la energía conocida más poderosa, según enseñó el Maestro?

El doctor Alexis Carrel, en un artículo publicado por el *Reader's Digest* en 1941 afirmó: «La oración es la forma de energía más poderosa que se puede generar».

En otro lugar dice que esa energía actúa de manera verificable en la mente y en el cuerpo de una persona, produciendo, por ejemplo, fuerza mental y vitalidad física.

Escribió: «La influencia de la oración sobre el espíritu y el cuerpo humano es tan demostrable como la de las glándulas. Sus resultados pueden ser avalados en términos de un aumento de vitalidad física, mayor vigor intelectual, fibra moral y una comprensión más profunda de las realidades que están en la base de las relaciones humanas».

Norman Vincent Peale, al hablar de la oración, dijo: «Ella libera las fuerzas, haciéndolas brotar libremente».

Más adelante, añade: «A la hora de orar, es importante que sepas manejar la fuerza más grande que hay en el mundo». (*El poder del pensamiento tenaz*).

En otro libro, añade Peale: «Podemos establecer conexión con una fuente formidable de energía por medio de procesos espirituales. La oración puede generar una energía más grande que la generada por el pensamiento o por el trabajo manual. Permíteme que repita: la más poderosa forma de energía que puede generarse es la de la oración».(*Puedes si crees que puedes*).

La energía de un tractor, por ejemplo, puede mover una montaña a través de un trabajo ejecutado en diez años; la energía de la plegaria, en cambio, tiene una potencia infinita y puede mover la montaña en un minuto. Por eso, en la plegaria tú estás tratando con la Energía Superior.

Oración es poder

Un día leí en uno de los libros de Norman Vincent Peale lo siguiente: «Estoy convencido de que la plegaria es una emanación de poder. Si "arrojas" plegarias a una persona, podrás afectarla profundamente. Escoge a alguien que, de alguna manera, suponga un problema para ti y arrójale plegarias. Visualízate envuelto y rodeado por plegarias saludables, buena voluntad y fe. He visto, en casos de éstos, resultados sorprendentes que parecen casi increíbles».

Toda oración es poder porque tiene la fuerza de materializar la idea contenida.

La oración realmente cambia las cosas. Y aún más que eso: hace las cosas.

Toda oración es poder, ya que, habiendo fe, se realiza de forma infalible.

La plegaria es poder, porque determina la manifestación divina.

El acto de pedir es la plegaria; el de recibir es la manifestación divina.

Fíjate en lo que escribió Emmet Fox: «Dentro de ti hay una fuente inagotable de poder, si sabes como entrar en contacto con ella. Ese poder puede curarte y puede inspirarte, diciéndote qué hacer y cómo. Puede sacarte de Egipto y llevarte a la tierra prometida, donde abundan la leche y la miel. Puede darte paz de espíritu y, sobre todo, un conocimiento directo de Dios. Ese poder es la oración científica».

En otra obra, enfatizó: «Cuando recordamos que Dios es realmente omnipotente, que no sufre restricciones por causa del espacio, la materia y los caprichos de la naturaleza humana, es fácil ver que no puede haber límite para el poder de la oración».

Tú, que necesitas cambiar la situación negativa de tu negocio; que necesitas curar tu hígado enfermo; que necesitas resolver una demanda judicial paralizada, que necesitas hacer un viaje; que necesitas tranquilizarte, recurre al poder transformador y realizador de la plegaria.

El literato Honoré de Balzac escribió una vez: «Si nos concentramos y somos capaces de rezar sin fatiga y con amor, sintonizándonos con el poder divino y con nuestra voluntad, parecida a un tifón, a un rayo, se nos abre un camino a través de todo y participamos en el poder divino».

Oración es poder.

El apóstol Pablo, en su Epístola del Apóstol san Pablo a los Efesios, enseña: «Por esta causa doblo mis rodillas ante el Padre de nuestro Señor Jesucristo. Del cual toma nombre toda paternidad en el cielo y sobre la tierra; para que según las riquezas de su gloria os conceda por medio de su Espíritu el ser fortalecidos en virtud en el hombre interior». (Ef 3, 14-16).

Doblar las rodillas ante el Padre es orar. La plegaria, fortalece el poder. Porque la oración es poder.

Oración es sabiduría

En una de sus cartas, el apóstol Santiago escribió: «Mas si alguno de vosotros tiene falta de sabiduría, pídasela a Dios, que a todos da copiosamente y no zahiere a nadie, y le será concedida. Pero pídala con fe, sin sombra de duda; pues quien anda dudando es semejante a la ola del mar alborotada y agitada del viento, acá y allá. Así que un hombre semejante no tiene que pensar que ha de recibir poco ni mucho del Señor. El hombre de ánimo indeciso es inconstante en todos sus caminos». (Stg 1, 5-8).

La oración profunda que encuentra a Dios, encuentra al Espíritu y la Verdad. La suma de Espíritu y Verdad es la sabiduría. Gandhi decía: «la verdad es Dios y Dios es la verdad».

Cuando rezas, te vuelves uno con Dios. Como Dios es la verdad, tú, en tu verdadera oración, te vuelves uno con la Verdad. Y la Verdad es sabiduría.

Pero la verdad no está solamente en la conciencia, también se encuentra en el subconsciente, esto es, en las profundidades de tu ser, en cuyo fondo reside Dios.

Oración es milagro

Se puede afirmar que la oración es milagro, porque la plegaria se realiza a través de una fuerza o de un poder no explicados por la ciencia. El milagro existe.

Cada día, millones de personas se curan de enfermedades consideradas incurables. He conocido a personas a las que los médicos les dijeron que nunca podrían salir de la cama y hoy están más saludables que nunca.

¡Cuántas personas no podrían volver a caminar y hoy caminan; cuántos negocios salieron del fracaso pronosticado y consiguieron el éxito total; cuántos matrimonios renacieron de las cenizas hacia la comunión más bonita de amor; cuántos náufragos se salvaron en contra de todas las expectativas; cuántas personas se salvaron de accidentes de forma casi imposible, que parecían haber renacido!

¿Qué fuerza extraña es ésta, llamada milagro?

¿Qué poder desconocido es ése al que dan el nombre de milagro?

Emmet Fox escribió: «Sabemos que nuestra oración será atendida, pero nunca sabemos exactamente cómo».

«A veces», continúa , «parece no haber forma, en términos humanos, para la solución del problema y, sin embargo, se resuelve de alguna manera gloriosa y emocionante».

El cómo es exactamente la premisa del milagro. Porque el milagro no es un acontecimiento imposible, pero la manera en que ocurre es la que se cree imposible. Por tanto, por milagro no se entiende una ruptura del orden natural establecido por Dios, sino la realización del orden natural por vías y medios humanamente desconocidos hasta el día de hoy.

Jesús sació el hambre de cinco mil personas hambrientas –algo que muchos restaurantes hacen diariamente–, pero su milagro estuvo en saciar el hambre de cinco mil personas con siete panes y siete pescados.

El milagro es la realización de la plegaria o de la visualización, a través de medios maravillosos y desconocidos.

El milagro, pues, está a tu alcance. Basta que creas en él. Todo pensamiento en que se cree sucede. Toda oración en que se cree acontece.

El milagro es la fuerza divina que emana de ti.

Si esa fuerza divina es inmanente a ti, entonces, tú mismo eres el poder del milagro.

Fue por eso que Jesús afirmó, con suma sabiduría: «Todo es posible para aquel que cree».

Cree firmemente que lo que deseas acontecerá y quédate tranquilo, porque acontecerá.

El milagro es sencillo.

Oración es amor

El famoso Samuel Coleridge dijo una vez: «El que reza mejor, ama mejor».

El Maestro Jesús resumió todas las leyes y a todos los profetas en una única palabra: «Amor».

Amar, por tanto, es la oración más perfecta.

El estado de amor es un estado de felicidad y el estado de felicidad es el estado interior del reino de los cielos.

En la oración tiene lugar la comunicación entre el Padre y el hijo y esta comunicación es amor. Incluso si estás orando por alguien o pidiendo algo, tu plegaria se dirige al Padre y, por eso, es un contacto entre hijo y Padre. Este contacto es amor.

La oración, que es amor en su esencia, no contiene ni odio, ni rabia, ni celos, ni envidia, ni tristeza, ni ninguna clase de maldad. Amor, por tanto, ya es perdón.

Amor es luz y en la luz no hay oscuridad.

Ahora comprendes que la verdadera oración es un acto de amor, así como amar es orar.

Cuando estás elevando tu oración, procura alcanzar el estado interior de amor, para que tu palabra llegue a Dios.

Tu oración habrá alcanzado los planos más elevados, una vez que haya tenido lugar en ti la interacción total entre Dios, el universo y la humanidad.

Mientras que eso no acontezca, sigue repitiendo la oración de amor, para que el amor llegue. Una vez que haya llegado el amor, todo sucederá. Pues sucedió la felicidad, el estado interior del reino de los cielos.

Observa la importancia extraordinaria que el apóstol Pablo atribuyó al amor: «Si yo hablara las lenguas de los hombres y de los ángeles, si no tuviere amor, vendría a ser como un bronce que suena o címbalo que retiñe. Y si tuviera el don de profecía, y penetrase todos los misterios, y todas las ciencias; si tuviera toda la fe, de manera que trasladase los montes, sin tener amor, no sería nada. Y si distribuyera todos mis bienes para sustento de los pobres y entregara mi cuerpo a las llamas, si el amor me faltara, no me serviría de nada. El amor es sufrido, es bienhechor; el amor no tiene envidia, no es ostentoso, no se ensoberbece. No hace nada ignominioso, no busca sus intereses, no se irrita, no piensa mal. No se huelga de la injusticia, sí se complace en la verdad. A todo se acomoda, lo cree todo, todo lo espera y lo soporta todo. El amor nunca fenece; las profecías acabarán, cesarán las lenguas y se acabará la ciencia. Porque ahora nuestro conocimiento es imperfecto, imperfecta la profecía. Cuando llegue lo perfecto, desaparecerá lo imperfecto. Cuando yo era niño, hablaba como niño, juzgaba como niño, discurría como niño. Pero, cuando fui ya hombre hecho, di de lado a las cosas de niño. Al presente lo vemos como en un espejo, y bajo imágenes obscuras; yo conozco ahora imperfectamente; mas entonces, conoceré a la manera que soy yo conocido. Ahora permanecen estas tres virtudes: la fe, la esperanza y el amor; pero, el amor es la más excelente de todas». (1 Co 13).

El amor es la oración más elevada.

La grandeza de la oración está en la sencillez

Ser sencillo como un niño, cuando oras, es el método más perfecto. Jesús ya enunció esta verdad hace dos mil años, cuando dijo: «Si no os volviereis y fuereis como niños, no entraréis en el reino de los cielos».

El reino de los cielos es un estado interior de comunión con Dios y, consecuentemente, es el estado de felicidad.

Ser como un niño es ser sencillo, puro y transparente en tu pensamiento; mantener univocidad entre la mente consciente y la subconsciente; tener confianza; creer ciegamente en el poder de Dios, así como el niño cree en el poder del padre y de la madre; decir lo que quieres decir y no tener doblez, ser siempre positivo, no guardar rencor y sentir armonía dentro de ti.

Toda oración verdadera es sencilla.

Y toda oración sencilla es unívoca.

Toda oración unívoca es infalible.

Para alcanzar la sencillez, necesitas soltarte, desarmarte, sentir el vuelo indescriptible de la libertad interior; tienes que saber envolverte en la poesía de la puesta del sol y alcanzar la belleza indecible de la flor.

Ser sencillo es saludar a quien has ofendido y, con una sonrisa, pedir disculpas; ser sencillo es no dejar que entren en tu cabeza las maldades de los demás y siempre perdonar con las manos abiertas.

Ser sencillo es ser realmente sencillo.

Cuando eres sencillo, has alcanzado la Vida, pues la sencillez te pone en comunión con Dios y con todo el universo.

Esta sencillez es el propio reino de los cielos.

Para alcanzar la sencillez es necesario que te sumerjas a fondo en tu ser interior, hasta alcanzar la frontera entre lo finito y lo infinito. Cualquier pensamiento o sentimiento que estorbe la sencillez interior, te desviará y, entonces, no conseguirás encontrarte con Dios.

La oración sencilla no puede contener odio, pues solamente la luz del amor universal iluminará tu camino hasta tu Dios interior. Basándose en esta verdad, Jesús enseñó: «Por tanto, si al tiempo de presentar tu ofrenda en el altar, allí te acuerdas de que tu hermano tiene alguna queja contra ti, deja allí mismo tu ofrenda delante del altar y ve primero a reconciliarte con tu hermano; después vuelve a presentar tu ofrenda. Procura conciliarte con tu contrario, mientras estás con él por el camino [...]». (Mt 5, 23-25).

Quiere decir que, mientras que haya odio dentro de ti, tu oración no llegará a Dios, por tanto, no servirá subir al altar para hacer la ofrenda. Estarías perdiendo el tiempo. Jesús aconsejó entonces, dejar la ofrenda y reconciliarse primero con el hermano.

Recuerdo ahora otro pasaje de la Biblia que dice que solamente los puros de corazón verán a Dios.

Ser sencillo es ser puro de corazón.

Para alcanzar a Dios, en las profundidades de ti mismo, ante todo, haz una plegaria del perdón, es decir, una plegaria del amor universal.

Estará abierto entonces el camino que te habrá de llevar al Dios interior porque, donde hay solamente amor, hay luz; y donde hay luz, no hay barreras, ni oscuridad, ni maldades.

Ahí está Dios. Y ahí estás tú.

Es eso lo que enseñó el Maestro: «[…] a fin de que cualquier cosa que pidiereis al Padre en mi nombre, os la conceda. Esto os mando: que os améis unos a otros». (Jn 15, 16-17).

Sé sencillo y, por tanto, tu contacto con Dios será tu oración infalible.

«Entonces, el Padre os concederá todo lo que pidiereis.»

Cuando se establece la unidad con Dios, su oración mueve cielos y tierra y tiene infinito poder.

Y en otro lugar dice Jesús: «[…] Y todo lo que atares sobre la tierra, será también atado en los cielos; y todo lo que desatares sobre la tierra, será también desatado en los cielos». (Mt 16, 19).

Y añade el Maestro: «Y aun os digo que cualquiera cosa que dos de vosotros sobre la tierra pidiereis unánimemente os será concedida por mi Padre en el cielo».

Cuando hay unanimidad, es decir, sencillez, unicidad, en tus mentes consciente y subconsciente, tu oración será infalible y todopoderosa, porque el Padre, que habita en tu interior, que está en contacto directo contigo, te concederá todo lo que pidas.

He aquí el camino del milagro.

Capítulo II

La oración atendida

Todas las personas oran, pero no todas son atendidas.

¿Por qué?

El lector que haya rezado con frecuencia, pidiendo algo a Dios, dirá que algunas veces fue atendido y otras no.

¿Por qué?

¿Será que hay discriminación por parte de Dios?

¿Será que Dios hace una diferencia entre la oración de un sabio y la de un ignorante? ¿Entre la oración de un negro y la de un blanco? ¿Entre la oración de un hombre y la de una mujer? ¿Entre la oración de un pecador y la de un justo? ¿Entre la oración de un pobre y la de un rico? ¿Entre la oración de un católico y la de un espiritista?

¡No!

Todo es cuestión de causa y efecto, de acción y reacción.

La oración es una ley universal. Toda ley universal es infalible, siempre que las premisas están aplicadas correctamente.

Date cuenta de que Dios rige el universo a través de leyes. Existen las leyes de la física, de la química, de la matemática, de la ingeniería, de la electrónica, y así sucesivamente. Los hombres no hicieron más que descubrir y utilizar esas leyes de acuerdo con sus principios.

La manera en que Dios rige al hombre, al microcosmos, es también a través de leyes.

Existe la ley de la oración. Esta ley es infalible.

Si tu oración no es atendida, es porque hiciste algo mal y no Dios.

Si tu oración no alcanzó su objetivo, no te quejes de Dios, porque Dios nunca falla. Quéjate de ti mismo, pues el fallo fue tuyo.

La oración es una ley. La ley nunca falla.

Si instalas una toma eléctrica en tu casa y no funciona, ello no te llevará a dudar de la existencia de la electricidad en tu casa, ya que el frigorífico está funcionando y las lámparas están encendidas. Si tu toma no funciona, pero la que instaló Juan sí, no te quejarás de Dios, porque Él hizo que funcionara la toma de Juan y no la tuya. Sería ridículo, ¿verdad? De la misma manera, en lugar de quejarte de que Dios no atendió tu oración y sí la de Pedro, intenta ver dónde fallaste.

Toda oración rezada con fe es atendida

La única premisa necesaria para que tu oración sea atendida es la fe. El propio Jesús nos lo enseñó.

No importa si eres santo o pecador, sabio o ignorante, si dices tu oración con fe, será atendida.

No importa si eres católico o no, si dices tu oración con fe, será atendida.

No importa si eres ateo o no, si dices tu oración con fe, será atendida.

No importa si ésta es la primera vez que rezas en toda tu vida, si dices tu oración con fe, será atendida.

No importa si tu oración trata de bondad o de riqueza, si dices tu oración con fe, será atendida.

Toda oración rezada con fe es infalible.

Jesús insistió en este hecho más de una vez: « Cuantas cosas pidiereis en la oración, tened fe de conseguirlas y se os concederán».

«Tened fe de conseguirlas y se os concederán».

Ésta es la clave del secreto.

La fe es el poder de la oración

Dijo Jesús: «Todo lo que pidiereis con fe en la oración, lo alcanzaréis». (Mt 21, 22)

Recuerda: «todo lo que pidiereis con fe en la oración». La oración hecha con fe es infalible.

La realización de tu petición es proporcional al tamaño de tu fe.

La fe es la fuerza todopoderosa de tu oración. En mi libro *Los poderes de Jesucristo* escribí: «Con seguridad se puede afirmar que el descubrimiento más importante que Jesús transmitió a la humanidad fue la ley de la fe todopoderosa.

En el campo de la energía la fe es una fuerza más poderosa que las energías nucleares.

En el campo del poder ninguna religión descubrió un poder más grande que el de la fe.

En el campo de la salud la medicina jamás inventó un método de curación más poderoso e instantáneo que el de la fe.

La fe lo puede todo.

La fe mueve montañas.

La fe hace posible lo imposible».

Todo está dicho.

La ley de la fe se compagina con la ley infalible de la oración.

Toda oración basada en la fe se cumple.

Toda fe es una oración infalible.

Una vez, el Maestro afirmó: «Por tanto, os aseguro que todas cuantas cosas pidiereis en la oración, tened fe de conseguirlas, y se os concederán». (Mc 11, 24).

Toda oración rezada con fe firme crea la realidad. Ésta es la ley.

Los dos ingredientes necesarios para alcanzar todo lo que deseas son: orar y creer.

Oración sin fe es oración sin fuerza, es «hablar por hablar».

Oración con fe es oración todopoderosa, infalible y creadora de realidad.

Cómo tener fe en la oración

Cuando construyes una casa, no tienes dudas sobre la existencia de esa casa.

Cuando escribes una poesía, no dudas de la existencia de esa poesía.

Cuando construyes una silla, no hay dudas de la existencia de esa silla, puesto que estás viéndola con tus propios ojos.

Igual sucede en el mundo de la mente: cuando creas una casa mentalmente, no tengas dudas de que esa casa existe.

El mundo de la mente es tan real como el mundo material.

Como escribió el apóstol Pablo a los hebreos: «Es, pues, la fe el fundamento de las cosas que se esperan y un convencimiento de las cosas que no se ven».(Heb 11, 1).

La fe es el fundamento de las cosas que se esperan. Es un fundamento. Por eso, no cabe duda, ni posibilidad de que no exista, puesto que ya existe. Si se trata de un fundamento, es una señal de que ya existe.

Es por esto que Jesús, el principal conocedor de todas las leyes del mundo mental y espiritual, dijo: «Pedid y se os dará; buscad, y hallaréis; llamad, y se os abrirá. Porque todo aquel que pide, recibe, y el que busca, halla, y al que llama, se le abre». (Mt 7, 7-8).

Una vez más, el Maestro confirma que toda oración rezada con fe se atiende.

Si pides, recibes.

Si buscas, encuentras.

Si llamas, se te abre.

No puede fallar. Jesús no mencionó ningún «pero», ningún «depende», ningún «tal vez», ni tampoco añadió «si Dios quiere».

Toda oración rezada con fe es infalible, porque la oración es, desde luego, una propiedad anticipada, un medio de demostrar las realidades que no se ven.

Qué es la fe

En mi libro *Los poderes de Jesucristo*, cito la definición que Jesús da de la fe: «Fe es creer firmemente en la realización de tu palabra».

Yo digo en ese libro: «Tener fe es creer que la palabra genera la realidad de lo que contiene».

La fe, por tanto, no admite dudas, ni miedos, ni desinterés, ni vacilación, ni incredulidad.

Si tu oración no es atendida, esto puede deberse a la duda o al miedo o a la vacilación o a la incredulidad o a la falta de interés o al error.

Si crees en la realización de tu palabra, es decir, si crees que tu oración será atendida, sin falta, ya se está atendiendo.

Si dudas, sin embargo, estás haciendo dos oraciones contradictorias y opuestas. Primero, la oración de lo que deseas; segundo, la oración de la duda de que se pueda cumplir. Si dudas, estás admitiendo que puede no cumplirse.

Pero fe es creer en la realización de tu palabra.

Si tienes miedo, le estás quitando toda la fuerza a la oración, porque tu pensamiento de miedo es más fuerte, tiene más carga emocional y, por tanto, es éste el que prevalecerá.

Si el objeto de la oración no te importa mucho, ésta no irá más allá de tus labios y, por eso, nada sucederá.

Si crees que tu oración no será atendida, estás practicando dos oraciones al mismo tiempo. La primera, en la que deseas que suceda; la segunda es la contraria, en la que crees que no sucederá. Y será, entonces, esta última la que se cumplirá, pues todo pensamiento en que se cree se hace realidad.

Si tu oración se deshace por error, no dará resultado. Por ejemplo, si crees que no vale la pena conseguir lo que estás pidiendo; si crees que Dios se aburre con tus peticiones; si crees que lo que estás pidiendo no existe; si crees que tu oración está importunando a Dios, si crees que probablemente tu oración no corresponda a la voluntad de Dios, en todos esos casos, tu oración no dará resultados positivos, porque está inhibida por un error.

Si vacilas y no sabes si debes orar o no, si debes pedir o no, si es esto lo que quieres o no, esta oración no tendrá poder porque está totalmente privada de energía interior.

Entonces, cuando ores, CREE en la realización de tu palabra y así será.

Esta oración es infalible. A través de tu oración Dios se manifiesta; por tanto, cree con toda la fuerza de tu alma.

Recuerda siempre que la ley del pedir es la misma ley del recibir. Si has hecho una petición, ya se está cumpliendo.

Cree en la realización de tu palabra.

Dios, que habita en tu interior, es la realización de tu palabra.

Tener fe es creer firmemente que tu palabra se realizará. Ésta es la forma en la cual Dios se manifiesta en ti.

Por eso, si sabes orar con fe, todo lo puedes.

Como dijo el gran Maestro: «Al que cree todo les es posible». (Marcos 9, 23).

¿Por qué muchas personas no son atendidas en su oración?

Toda oración verdadera y correcta es infalible. Ésa es una ley. Cuando las premisas se aplican correctamente, el resultado nunca puede fallar.

¿Por qué, entonces, miles de personas hacen peregrinaciones para pedir gracia, curaciones y milagros y sólo algunas lo consiguen?

Ante esa situación, ¿qué explicación podrán darte los que no entienden de las leyes infalibles de la oración?

Te dirán que Dios no te quiso atender; que la voluntad de Dios es que sigas sufriendo; te dirán que todavía no eres digno de esa gracia; te dirán que no te lo mereces, porque tienes muchos pecados que redimir, y así sucesivamente.

En realidad, los dones de Dios son para los buenos y para los malos, para los creyentes y los no creyentes, para los que rezan mucho y para los que rezan poco, porque la ley de la oración no depende de esas particularidades. El resultado de la oración no depende de palabras bonitas ni de si uno es católico o bautista.

La oración es una ley y, si usas esa ley correctamente, el resultado no fallará, sea cual sea. Si no haces buen uso de esa ley, el resultado fallará siempre, sea quien sea el que pida.

Dios no es ni arbitrario, ni discriminador. Dios es justo. Dios rige al ser humano a través de leyes. No hay, pues, ventajas por ser católico o protestante.

Somos todos hijos de Dios, con los mismos derechos, participamos en la misma justicia, bondad y misericordia infinitas del Padre.

Todos los que tienen sed y beben agua, sacian la sed, con independencia de nacionalidad, religión, cultura, edad o color de piel.

Pero los que tienen sed y deciden comer carne para matar la sed, no se saciarán. Si, entonces, prueban a comerse un plato de *Stroganoff* para saciar la sed, tampoco se saciarán. Si deciden, finalmente, comerse unos deliciosos macarrones italianos para ver si sacian la sed, aun así no la saciarán.

Sin embargo, bastará con beber agua y la sed se saciará.

Aunque no sea la mejor comparación, se trata de eso, pues hay mucha gente que no para de rezar y no consigue nada. No es porque Dios se complazca con tu enfermedad o tu sufrimiento. Basta que tu oración sea verdadera y el Poder Divino se manifestará en ti.

La causa de que no seas atendido es que, consciente o inconscientemente, no crees en lo que estás diciendo.

Conocí a una señora que oraba, pidiendo a Dios que le concediera un hijo, y, al mismo tiempo, le decía a todo el mundo que no podía tener hijos, porque eso era lo que afirmaba el ginecólogo y porque ya llevaba siete años en tratamiento para tener hijos. La oración de esta señora carecía de toda fe y, por tanto, era una oración sin valor, sin fuerza, sin poder. La fe es la fuerza todopoderosa capaz de mover cualquier montaña de obstáculos. Esta señora no tenía fe, porque, por un lado, pedía a Dios que su Poder Divino se manifestara en ella para poder tener un hijo y, por otro lado, seguía pensando y diciendo que no podía tener hijos. Hacía y anulaba la petición al mismo tiempo. Al pedir de nuevo, volvía a cancelar la petición

Cuando una persona pide algo al Poder Divino y sigue creyendo que no lo conseguirá, su oración no tiene valor alguno y no es más que mera palabrería.

Jesús ya decía: «Ninguno que, después de haber puesto su mano en el arado, vuelve los ojos atrás, es apto para el reino de Dios». (Lc 9, 62). No ser «apto para el reino de Dios» quiere decir que el Poder Divino no se manifiesta, que no sucede nada, que el milagro no se produce.

La oración de una mujer nerviosa

Un día, entró en la iglesia una mujer, N., para orar. Era muy nerviosa y fue hasta el altar de Jesús para pedirle el don de la tranquilidad.

Arrodillada, reverente, con los ojos cerrados, las manos juntadas, rezó la siguiente oración: «Señor Jesús, me dirijo a ti, porque sé que me vas a atender. Tú prometiste que siempre nos atenderías, por eso te pido que me des tranquilidad. Gracias a tu poder divino, ahora estoy tranquila y mis nervios se han calmado. Todos bendecirán mi tranquilidad y yo estoy muy agradecida. Gracias, Señor. En el nombre del Padre y del Hijo y del Espíritu Santo. Amén».

Terminada esa petición, salió de la iglesia. Por la calle, se encontró con una vieja amiga y las dos se quedaron conversando durante un buen rato.

—¿Cómo te va? –preguntó, sonriente, N.

—Muy bien, gracias –respondió la otra–. ¿Y a ti?

—Sabes –comentó N., con expresión tensa y seria–, estoy con unos nervios que no aguanto más. Ya he ido al médico y no me ha servido de nada. Estoy pasando una crisis tal que a veces me dan ganas de gritar y salir corriendo. ¡En serio! ¡Ya no sé qué hacer!

¿Te has fijado? Pues bien, yo te pregunto: ¿qué sentido tenía hacer la oración en la iglesia? No era una oración verdadera, puesto que, minutos después, volvió a afirmar que tenía un problema. He aquí la razón de que su plegaria no fuera atendida. Simplemente porque hizo una oración sin sentido, sin significado y, en otras palabras, sin fe.. Ella había hecho una oración y la deshizo luego, al salir a la calle.

¿En cuál de las dos afirmaciones N. creía más? Lógicamente, en la afirmación hecha en presencia de su amiga sobre su nerviosismo.

Además de ser la afirmación posterior y, por tanto, la última enviada a su interior, hablaba con convicción sobre su nerviosismo. Esta afirmación era la que habría de determinar lo que ocurriera en su vida, porque toda palabra en la que se cree genera la realidad de lo que contiene. Su nerviosismo seguía confirmado por ella misma.

Y lo peor es que, muchas veces, esas mismas personas, que actúan así, se quedan con la idea de que fue Dios quien no los quiso atender porque desea que sufran para expiar sus pecados y los de la humanidad.

Toda oración verdadera produce milagros

La oración verdadera no es otra cosa que el pensamiento en que tú crees. No es necesario que tu oración contenga la palabra *Dios*.

Permite que te ponga un ejemplo de una oración verdadera que produjo un milagro maravilloso.

Un día Jesús caminaba por en medio de la multitud que acudía a él con ansias de oírlo, de estar cerca de él y, de ser posible, de tocarlo.

En aquel lugar, por donde Jesús pasaba, vivía una mujer que sufría de un flujo de sangre desde hacía 12 años. Según el evangelista Marcos, ella, que «había sufrido mucho en manos de varios médicos, y gastado toda su hacienda sin el menor alivio, antes lo pasaba peor». (Mc 5, 26).

Al enterarse de que Jesús estaba pasando cerca, esta mujer deseaba ardientemente llegar hasta el Maestro, pensando para sí misma: «Si le toco siquiera el abrigo, ¡me curaré!». Es ésa la oración de la enferma: «¡Si le toco siquiera el abrigo, me curaré!».

Ella pensó algo y creía que lo que pensaba era verdad: oración correcta.

A una persona que cree en el poder de la oración le bastan pocas palabras. La fe está dentro de la persona y no en la belleza de las palabras. Tener fe es creer que tu palabra genera la realidad de lo que contiene.

La fe de aquella mujer en que esas palabras se realizarían sin lugar a dudas era inalterable: «¡Si le toco siquiera el abrigo, me curaré!».

Antes de ver lo que aconteció con esa mujer, permíteme que te pregunte: si tú sufrieras de una enfermedad desde hace diez años, y no hubieras encontrado ni curación, ni alivio, a pesar de haber gastado toda tu fortuna en médicos, ¿cómo actuarías? Actuarías, quizás, como aquella señora. ¿Creerías en la curación de tu enfermedad o estarías pensando que no sirve, que no hay forma, que hace tantos años que la vienes sufriendo que ya no hay más posibilidad de curación? Si tu médico te hubiera dicho que tu enfermedad es incurable, ¿crees que con tu oración podría curarse?

Si la mujer del flujo de sangre hubiera sido pesimista, como tanta gente, se hubiera quedado en casa cuando Jesús pasaba por la calle, rodeado por una multitud inmensa, y hubiera permanecido quejándose de su destino y diciendo que ni siquiera él podía hacer algo por ella.

Podría hasta mandarle un beso de lejos a Jesús, aún sin imaginarse que él pudiera curarla. Al fin y al cabo, doce años y toda una fortuna para curar la enfermedad, sin resultados, podrían tirar por la borda la fe de mucha gente.

¿Por qué esa mujer se curó?

Porque no se quedó en casa.

¿Por qué se curó?

Porque hizo la plegaria de la curación.

¿Por qué se curó?

Porque creía que su pensamiento era su oración infalible y verdadera.

¿Por qué se curó?

Porque tenía la seguridad de que, si tocaba el abrigo de Jesús con el dedo, el milagro acontecería.

Por eso, intentó aproximarse a Jesús; fue impulsada por la fe de acercarse al Maestro y tocarlo.

«¡Si e toco siquiera el abrigo, me curaré!».

Podría haber pensado así: «¡No sirve de nada, hay mucha gente alrededor de Jesús; no conseguiré llegar hasta él!».

Ella, sin embargo, pensó en la curación, creó y actuó.

Cuando una persona tiene fe, todos los caminos, por más imposibles que parezcan, se abren.

La fe –en las palabras del Maestro– mueve montañas.

La mente de aquella mujer era positiva. Pensó en la curación, creía con toda convicción en su curación, sintió un impulso incontenible de levantarse y salir al encuentro de Jesús. No había barreras para ella. Se abrió paso entre la gente, pidiendo disculpas, aproximándose cada vez más, mientras que pensaba con la más fuerte convicción: «¡Si le toco siquiera el abrigo, me curaré!». Ésta era su oración poderosa, fuerte, decidida e irreversible. Ni siquiera cedió a la tentación de creer que, debido a la gravedad de su enfermedad, sería necesario pedir una audiencia particular con Jesús, a fin de que él invocara todas las fuerzas del Altísimo para curarla.

Nada de eso; su oración era sencilla, clara, decidida y fuerte: «¡Si le toco siquiera el abrigo, me curaré!». Y consiguió acercarse, quedándose casi aplastada por las masas, hasta lograr tocar con el dedo el abrigo de Jesús. Y, en el mismo instante, se curó.

He aquí un bonito ejemplo de oración corta, sencilla y llena de fe.

Tú, sin embargo, a lo mejor piensas que la curación tuvo lugar gracias a Jesús.

En realidad, la curación se dio como consecuencia de su oración: «¡Si le toco siquiera el abrigo, me curaré!». Acto seguido, tocó el abrigo y se curó; el resultado no podía fallar.

Al aplicar las premisas correctamente, el resultado siempre llega.

Si objetas que Jesús fue la fuerza de fe de aquella mujer, te digo que Jesús existe todavía hoy, asegurando que todo lo que se pide en su nombre se haga realidad. La situación, pues, es la misma. Si hoy no crees en el poder infalible de la oración, acuérdate de que también aquella mujer podría haber descreído de la posibilidad de curarse.

Ten la seguridad de que toda oración verdadera produce el milagro.

Cree que tu pensamiento es verdadero y que se realizará. Todo pensamiento es una realidad mental que se vuelve realidad física.

La oración es un pensamiento fuerte, cargado de emoción, poderoso, firme y ligado al Infinito. Con mucha más razón, tiene que suceder.

Ora y cree.

«Por tanto, os aseguro, dijo el Maestro, «que todas cuantas cosas pidiereis en la oración, tened fe de conseguirlas, y se os concederán».

Sea lo que sea. No importa cual sea el contenido de tu oración, ni tampoco si estás pidiendo bienes espirituales o materiales.

«Cuantas cosas pidiereis en la oración, tened fe de conseguirlas, y se os concederán».

En eso radica la clave del misterio.

Capítulo III

La oración oral

Existen dos tipos básicos de oración: la oración oral y la oración oída.

Hay dos formas en las que Dios o el Poder Divino, la Sabiduría Infinita, se manifiesta en ti.

Podemos hablar de Dios o simplemente escuchar su voz. Por *oración oral* entiendo aquella que dirige la palabra al Poder divino, al Padre, en la que dices lo que quieres decir, pides lo que deseas pedir y manifiestas, a través de la palabra, del pensamiento, de la petición, del canto, de la idea, de la imaginación, lo que deseas alcanzar.

El Maestro Jesús puso mucho énfasis en esa manera de orar. Dijo que debíamos pedir, esto es, decir lo que queremos que suceda en nuestra vida. Según el Maestro, el recibir depende del pedir. Y el pedir, también según la enseñanza de Jesús, siempre trae consigo el recibir. Ésta es una ley universal que nunca falla.

En varias ocasiones, Jesús, hizo referencia a este tipo de oración.

«¡Pedid y recibiréis; porque el que pide, recibe!».

«Si pedís al Padre algo en mi nombre, Él os lo dará».

«Hasta ahora nada pedisteis. Pedid y recibiréis, para que vuestra alegría sea completa».

Debes, por tanto, decir lo que quieres para que Dios lo cumpla.

Muchas veces habrás oído, en sermones, que Dios siempre escucha tu oración. Ahora bien, que alguien escuche depende de que alguien le hable.

¿Cómo va a oír Dios, si no le hablas?

Es necesario pedir

Muchas veces me dijeron lo siguiente: Dios sabe todo lo que yo necesito, por tanto, no pido nada.

No obstante, Dios sólo puede actuar en ti y a través de ti, de lo contrario, estaría privándote del don más precioso, que es el de la libertad. Si Dios actuara en ti con independencia de tu deseo, de tu voluntad, no serías más que una marioneta de Dios que habla por la boca de Dios, que se mueve por la acción de Dios y que actúa por la determinación de Dios. No serías más que un robot, sin libre voluntad, y ninguna de tus acciones tendría valor alguno porque no serían más que acciones determinadas e impulsadas por Dios.

Sin embargo, lo que ocurre en realidad es que Dios solamente actúa en ti por medio de ti mismo.

Y Dios actúa en ti en respuesta a tu oración, a tu deseo, a tu pensamiento, a tus creencias, a tu imaginación, a tu idea, a tu palabra; en definitiva, a tu determinación mental.

Fíjate bien: Dios sabe cuándo tienes sed y sabe que, si no bebes agua, morirás. Pero tu sed solamente se saciará si bebes agua. Ésa es la ley. Si no bebes agua, Dios no saciará tu sed, aunque te estuvieras muriendo.

Tú no eres un robot, ni un autómata ni, mucho menos, un automóvil dirigido por Dios.

Eres hijo de Dios, a imagen y semejanza de Dios, cuyo don de libertad te concede la libertad elección para hacer el bien y dota de un valor inconmensurable a todo lo que piensas, deseas y haces.

El más alto valor y la dimensión mayor de lo que haces son proporcionales a la libre elección entre el hacer y el no hacer.

Dios, pues, es el Poder Divino inmanente a ti que siempre responde a tu pensamiento unívoco.

Debes entender que el Poder Divino actúa en RESPUESTA a tu pensamiento, a tu palabra.

«Pedid» y, entonces, «se os dará».

Si no pides, es decir, si no rezas, no visualizas, no expresas interiormente lo que deseas, nada acontecerá.

Mal comparado, no sirve de nada tener escondido un tractor o un camión potente en tu garaje. Es como si no existiese. Es ése el motivo por el que muchos dicen que Dios no existe.

¿Y si Dios actuara con independencia de tu voluntad?

Si Dios actuara con independencia de tu voluntad, de tu deseo, estaría, para empezar, infringiendo la ley universal y divina. Éste sería el caso, si, por ejemplo, Dios saciara tu sed sin que tú bebas agua y sin haberlo pedido.

Además, si Dios actuara en ti con independencia de ti, entonces tendrías todo el derecho de quejarte de Dios por las adversidades de la vida.

Supongamos que Dios te hubiera dado solvencia económica. Si esto no correspondiera a tu deseo, podrías quejarte y decirle a Dios: «Pero ¡¿Cómo?! Yo no pedí abundancia. ¡Quiero ser pobre! ¡Acaba con eso, Dios mío!».

A cada uno le corresponde, pues, lo que está de acuerdo con su petición, en respuesta a su oración –fíjate bien–, en respuesta a su oración.

Si las cosas, por tanto, no te van bien en la vida, no te quejes de Dios; quéjate de ti mismo. Eres tú el que no está usando el Poder Divino en beneficio propio.

Pero, es imposible no pedir

El pensamiento en el que crees es tu oración natural. Todo pensamiento en el que se cree, sea bueno o malo, benéfico o maléfico, llega a ser real.

El pensamiento genera su propia realidad.

El pensamiento se expresa en el universo real.

La energía del pensamiento se concentra en el núcleo de la idea, produciendo luego la forma.

Esto significa que, lo sepas o no, quieras pedir a Dios o no, en realidad estás siempre usando la ley del «pedid y recibiréis», cada vez que piensas en algo.

Tu pensamiento es tu oración

Incluso si dices que no pides nada y dejas todo en manos de Dios, cada pensamiento tuyo, en el que crees y que es unívoco, por sí mismo se encuadra en la ley del pedid y recibiréis, y obtiene siempre la respuesta.

Incluso si no querías saciar la sed, si bebes agua, matará la sed.

Incluso si no querías usar el Poder de Dios, cada pensamiento tuyo en el que crees pondrá en marcha la Ley Divina y, por tanto, el Poder Infinito te responderá.

Puede que no pidas salud, porque entiendes que debes dejar tu curación en manos de Dios; sin embargo, cada vez que piensas en tu enfermedad, cada vez que hablas de tu enfermedad, cada vez que dices que tu enfermedad es incurable, que los remedios no sirven de nada, que la operación no surtirá efecto, estás, sin querer y sin saber, elevando una oración respecto a tu enfermedad, y el Poder Infinito, que siempre responde a las palabras creídas, la cumplirá, manteniendo tu enfermedad, volviéndola incurable, impidiendo el efecto de los remedios y de la operación.

Puede que no pidas alegría, pero, cada vez que piensas en la tristeza, cada vez que hablas con tristeza, estás creando la oración de la tristeza; y la oración de la tristeza está provocando la tristeza en ti.

Tu pensamiento es siempre tu oración legítima.

Es ésta la razón por la que el gran Maestro Jesús dijo: «Cada árbol bueno da buenos frutos y cada árbol malo da malos frutos».

Esto quiere decir que cada vez que elabores pensamientos buenos, positivos, obtendrás como respuesta frutos buenos, positivos; y, cada vez que los pensamientos sean negativos, obtendrás como respuesta frutos malos y negativos.

Frente a esa verdad, asume el mando de tu barco, apodérate del mando de tus pensamientos.

En palabras de Joseph Murphy: «rezar también significa pensar de forma positiva y constructiva».

Murphy, autor de más de treinta libros sobre el poder mental, afirma también: «Cada pensamiento es, en cierto sentido, una oración, por la sencilla razón de que cada pensamiento tiende hacia la acción y la manifestación».

En su libro *Pray your way through it*, señala este mismo autor: «Los pensamientos son cosas, las ideas se realizan, aquello que sentimos, lo atraemos, lo que contemplamos es aquello en lo que nos convertimos».

Así como cada oración hecha con fe es infalible, cada pensamiento en que uno cree se realiza.

Además, el mundo exterior de cada uno no es más que el resultado del mundo interior.

Ahora entenderás por qué la oración cambia las cosas. Y crea las cosas.

Tú sólo consigues cambiar tu mundo exterior, si cambias tu mundo interior.

Andersen escribió: «Lo queramos o no, estamos literalmente rezando cada minuto de nuestra vida, y cada una de nuestras plegarias es atendida. No hay escapatoria a esta rueda de pensamientos respondidos y de creencias aceptadas. Es la ley de la vida. Cualquier cosa que nos haya sucedido no es fruto de la casualidad, del destino o de la coincidencia, sino una simple manifestación física de nuestros pensamientos y creencias. Sea bueno o malo lo que nos ha ocurrido, no es otra cosa que una plegaria atendida.» (*Tres palabras mágicas*. Ediciones Obelisco, 2002).

Emerson es un filósofo norteamericano, que ha influenciado mucho la vida de ese pueblo.

Él escribió estos versos:

«Y aunque nunca hayas mirado al cielo, tus pregarias han llegado allí, y buenas o malas, han sido oídas y respondidas».

Tu oración, pues, tal como cualquiera de tus pensamientos, puede traerte el bien o el mal. Dios no selecciona los pensamientos, ni las oraciones. Es asunto de cada uno crear solamente pensamientos buenos y oraciones benéficas.

Cada uno recibe conforme sus pensamientos, oraciones y creencias.

Piensa sólo en positivo

Proponte, de ahora en adelante, a pensar únicamente en positivo, a hablar sólo en positivo y a actuar sólo en positivo.

Acuérdate de la ley del retorno.

Cuando rezas por alguien, ora por su salud, bienestar, felicidad, éxito, amor; en definitiva, incluye en tu oración todo el bien que deseas al otro.

No hagas una oración de la infelicidad porque ella vendrá a tu encuentro. Es así cómo se pone de manifiesto la ley del retorno.

Difícilmente encontrarás a alguien que eleve una plegaria de desgracia por una persona; sin embargo, hay afirmaciones que significan exactamente eso. Por ejemplo, cuando exclamas «¡ojalá fracase en ese negocio!», entonces, el mal que estás deseando al otro, vendrá a ti.

Es la ley del retorno.

Cuando dices «hago votos para que seas muy feliz en tu matrimonio», estás atrayendo la bendición divina hacia ti también.

Tu pensamiento es tu oración natural.

No des fuerza a pensamientos negativos nunca más. Si aparecen pensamientos negativos o ideas nefastas en tu cabeza, toma las riendas de tu mente y empieza a crear, inmediatamente, los pensamientos positivos contrarios.

No te preocupes por los pensamientos negativos, ni por las imágenes negativas que surgieron en la mente. Simplemente sustitúyelos de inmediato por los pensamientos positivos contrarios.

Por ejemplo, si aparecen pensamientos de depresión o amargura, en cuanto te des cuenta, empieza inmediatamente a pensar con convicción: «¡Soy feliz! ¡Soy feliz! ¡Soy feliz!».

Grita dentro de ti, con fe: «¡Soy feliz! ¡Soy feliz! ¡Alegría! ¡Alegría!».

Esta oración fuerte, poderosa, repetida, producirá los frutos de la alegría y la felicidad.

Del mismo modo, tus pensamientos de felicidad y de alegría producirán, a través del mismo principio, del mismo poder, tu felicidad y tu alegría.

Todo es sencillo, fácil y verdadero como la luz del sol.

De ahora en adelante, trata de orar y hablar sólo en positivo.

Tu palabra es tu oración poderosa

Tu palabra es tu oración. Todopoderosa.

La palabra es el propio Dios que se manifiesta en ti.

Tal vez, como se dice al principio del Evangelio según Juan, podamos afirmar que la palabra es el propio Dios, la manifestación de Dios.

Escribió el evangelista Juan, al principio de su evangelio: «En el principio era la Palabra y la Palabra estaba en Dios, y la Palabra era Dios. Ella estaba en el principio de Dios. Por ella fueron hechas todas las cosas [...]».

Tu palabra también tiene el poder de Dios.

Usa, pues, sólo palabras positivas.

Habla sólo de forma positiva.

En tus conversaciones, habla sólo del bien, di sólo el bien, piensa sólo en el bien, ve sólo el bien y tu palabra producirá esta realidad.

Si hablas del mal, cosecharás el mal.

Si hablas del bien, cosecharás el bien.

El propio Jesús enseñó que todo el bien del que se habla, se piensa y se desea a alguien, vuelve multiplicado.

Ésta es la ley infalible del retorno. Recuerda: infalible. Infalible.

Si deseas obtener las ventajas y los beneficios de esta ley, habla sólo del bien, piensa sólo en el bien, desea sólo el bien y haz sólo el bien.

Entonces, el bien, creado en tu mente, acontecerá en ti.

Tu palabra en las reuniones con los amigos

Cuando te encuentras con otras personas, habla bien de esas personas; fíjate en lo que tienen de bueno esas personas. Si la conversación hace referencia a personas ausentes, habla sólo bien de ellas. No te dejes contagiar por el mal. Si otros hablan mal, no emitas juicios; o di lo que ves de bueno en la persona en cuestión; o retírate con discreción bajo el pretexto de un compromiso cualquiera.

Debes saber que tanto el mal como el bien de los que hablas vuelven a ti. Ésa es la ley que nunca falla. Sea verdadero o falso el juicio negativo que se emite sobre la otra persona, no participes en la herejía. Busca todo lo que hay de bueno en esa persona y muéstrate hábil para conducir la conversación hacia un tema más positivo.

Todo lo bueno que hablas de alguien vuelve a ti.

Recuerda: tu palabra es tu oración todopoderosa.

Jesús y el perro

Cuentan que, un día, Jesús caminaba por una calle larga, acompañado por sus discípulos, cuando encontraron un perro muerto en el borde del camino.

Los discípulos miraron con desdén al animal y dijeron:

—Bien hecho. ¡Debe de haber sido un animal muy agresivo!

—¡Qué morro más horrible!

—¡Qué cola más sucia!

—¡Qué pelo horroroso!

—¡Qué morro más espantoso!

—¡Qué patas más peligrosas tiene!

Y cada uno aportó su granito de arena expresando su rechazo al animal muerto.

En cambio, Jesús miró, con cariño, al animal y dijo:

—¡Fijados qué dientes tan bonitos tenía!

Al contarme esta historia, querían hacerme creer que se relata en los evangelios. No procede de allí, pero no deja de contener una hermosa lección.

Cuando estás ante cualquier persona, intenta verla como a un hijo de Dios. Sin duda, tiene que haber alguna cualidad en esa persona que merezca elogios.

En palabras de Jesús: «No juzguéis, para que no seáis juzgados. Porque con el mismo juicio con el que juzgáis, seréis juzgados; y con la medida con la que medís, os volverán á medir». (Mt 7, 1-2).

Si eres compasivo y bondadoso, recibirás la recompensa.

Si intentas ver lo bueno en los demás, recibirás la recompensa correspondiente.

Velad y orad, para no caer en la tentación

Jesús dijo: «Velad y orad para que no caigáis en la tentación».

Vigila, pues, que tu oración y tu palabra sean siempre positivas.

Debido a la costumbre de hablar sobre cosas negativas, antes de que te des cuenta, caes en la tentación.

Ahora, sin embargo, empieza a vigilar para no caer en la tentación.

Tu decisión es firme. Sólo hablarás de cosas positivas.

Si, de forma accidental, caes en la tentación de mantener una conversación negativa, no te aflijas, ni te lo recrimines; empieza a hablar de forma positiva. Con el tiempo, se convertirá en un hábito.

Recuerda: más vale empezar a construir una mente positiva que seguir lamentando los errores.

Di lo que quieres decir

La oración es el medio a través del cual pones en marcha el Poder Divino de Dios, inmanente a tu subconsciente.

Toda oración, por tanto, será consciente, directa, inteligente, definida y positiva.

Debes saber lo que estás diciendo y debes decir aquello que signifique algo para ti.

Si, en lugar de eso, te sirves de unas oraciones ya escritas que no tienen nada que ver con lo que deseas realmente, estás perdiendo tiempo.

Dijo Jesús: «En la oración, procurad no hablar mucho, como hacen los gentiles; que se imaginan que por su palabrería habrán de ser oídos». (Mt 6, 7).

Si deseas salud, crea una oración para la salud. Si deseas paz, crea una oración para la paz. Si deseas fraternidad, crea una oración para la fraternidad. Si deseas riqueza, crea una oración para la riqueza. Si deseas superar el nerviosismo, crea una oración para la calma.

Visualiza la solución y no el problema

En tu oración, procura no mencionar el problema, sino la solución. Consolida tu pensamiento y tu palabra en la solución, pues así determinarás que el Poder Divino ejecute la solución.

No hace falta que sepas cómo conseguirlo

Si supieras cómo conseguir lo que deseas, ya habrías buscado los medios y éstos te habrían llevado hasta el objeto de tu deseo.

Muchas veces, tu mente consciente, que es un sector muy limitado de la mente, no sabe cómo llegar, pero la Sabiduría Infinita, que está en el fondo de tu ser, siempre conoce el camino y, de forma infalible, te conducirá a la meta.

No te preocupes, pues, si no sabes cómo conseguirlo; no importa si no tienes los medios para cumplir tu deseo; no te agobies, ni te desanimes, si te parece imposible alcanzarlo. Tu mente consciente, de la cual recibes las informaciones, es muy limitada y de corto alcance. En cambio, la mente subconsciente tiene un alcance total, infinito, ilimitado; por tanto, te llevará por el camino hacia la realización de tu palabra, es decir, de tu oración.

Si deseas, por ejemplo, una casa, puedes, en el momento, no tener dinero ni para comprar el baño de la casa y, entonces, desconoces el modo de conseguir la preciada casa.

Pero la Sabiduría Infinita, que está en ti, que sabe todo sobre todo y sobre todos, sabe también dónde está tu casa y te llevará a esa realidad. No sigas quejándote, ni desconfíes de la realización de tu palabra.

A través de la palabra estás accionando la Sabiduría Infinita y el Poder Infinito.

Tú lo puedes todo.

Capítulo IV

Cómo orar

Como hemos dicho en otra ocasión, hay dos tipos de oración: la oración oral y la oración oída.

La más común es la oración oral, pues a través de ella comunicas tu deseo a Dios. Por medio de esta oración, tomas la iniciativa, en busca de algún bien para ti, espiritual, material, mental o de cualquier otra naturaleza.

La clave del éxito en la oración consiste en saber orar.

¿Cómo orar?

Primer requisito: saber lo que quieres

Al empezar tu oración, debes saber lo que quieres. Si no sabes lo que quieres, te perderás en una maraña de palabras, que pueden no tener sentido alguno para ti y, por tanto, no añadirán nada a tu vida.

Si no sabes lo que quieres, no sucederá nada, pues, no hay nada que pueda suceder.

Define mentalmente el objetivo de tu oración. Intenta especificar el contenido de tu oración.

Si estás triste, por ejemplo, haz la oración para la alegría; si estás sin empleo y deseas obtener uno, haz la oración para tener un empleo; si estás lleno de odio, haz la oración del perdón y del amor; si estás pasando hambre, haz la oración del alimento y de la saturación; si necesitas hacer un viaje, haz la oración para un viaje exitoso; si estás enfermo, haz la oración de la salud; si estás sufriendo dolores, haz la oración del alivio; si estás nervioso, haz la oración de la calma; si deseas riqueza, haz la oración de la riqueza; si deseas una casa, haz la oración de la casa; si no tienes memoria, haz la oración de la reanudación de tu memoria; si deseas casarte, haz la oración para atraer a tu verdadero amor; si eres infeliz, haz la oración de la felicidad, y así sucesivamente.

Cuando rezas, debes saber lo que quieres; en caso contrario, correrás el riesgo de ser un mero eco de otro. El loro habla, pero no sabe lo que está diciendo.

Las oraciones escritas o impresas son importantes, en la medida en que te dicen lo que vale la pena desear.

Rehúsa hacer la oración del sufrimiento, de la renuncia, de las privaciones, porque es esto lo que se te dará.

Quien debe escoger el contenido de la oración eres tú y no Dios. Dios es el Poder Infinito que se manifiesta en ti a través de tu oración.

Debes saber, pues, lo que quieres, para que tu oración te traiga beneficios.

Segundo requisito: desear realmente

Para que tu oración tenga fuerza, es preciso que realmente desees alcanzar el objeto de tus afirmaciones.

Si no te interesa lo que estás rezando, tu oración no tiene fuerza, no tiene finalidad.

El deseo es la palanca poderosa, capaz de llevar tu oración hasta Dios. Si no estás realmente interesado, tu oración carecerá de energía, y se perderá en el camino.

Este tipo de oración sólo adormece, cansa, distrae, desconcentra a la persona.

Pero, si deseas ardientemente alcanzar lo que estás pidiendo en tu oración, debes concentrarte, poner energía espiritual y no te cansarás.

El deseo es una fuerza muy poderosa.

«Os aseguro», dijo Jesús, «que todas cuantas cosas pidiereis en la oración, tened fe de conseguirlas, y se os concederán».

«Todas cuantas cosas pidiereis.»

En primer lugar, es preciso desear algo. De esta manera, estás dando un objetivo a tu oración.

En realidad, siempre tenemos deseos en la vida. Haz, entonces, tu oración sobre estos deseos, así, ellos se harán realidad.

Tercer requisito: tener claridad mental

Cuando sabes lo que quieres, resulta fácil pedir. Expón tu deseo a Dios, pidiendo, declarando.

El recibir depende del pedir.

Si no pides, no recibes.

«Pedid y recibiréis», enseñó Jesús.

Define con claridad lo que deseas alcanzar en tu oración.

Citaré un texto de Norman Vincent Peale, que ilustra muy bien lo que estoy diciendo: «A veces, se ve, en las oficinas un letrero que dice "Anote aquí sus sugerencias". Recordatorios de este tipo sirven para evitar interminables conversaciones, descripciones complicadas, ideas vagas. Uno de los principios iniciales de la oración es saber exactamente lo que queremos decir y cuál es, precisamente, nuestro objetivo. Hemos de ser capaces de exponer el problema de forma clara y sucinta. Si tenemos que usar muchas palabras, eso, de por sí, muestra que no estamos lo suficientemente seguros de lo que queremos. Quien piensa nítidamente en su problema y lo expresa de forma que él mismo lo vea claramente, hace posible la recepción de aquellas respuestas claras que están a la espera de él en la mente de Dios.

Sólo la claridad es capaz de recibir claramente». (*Pensamiento tenaz en la actualidad*).

Cuarto requisito: decir lo que se quiere

Ahora que sabes cuál es el objetivo de tu oración, dila de forma sencilla, clara y positiva. No sirve de nada quejarse, expresar tu desesperación con las palabras más negras posibles; no sirve de nada pintar tu desgracia aún más desgraciada a través de la oración, para conmover a Dios; no vale situarse entre los últimos de los mortales y creerse indigno de todo, incapaz de dar un paso en medio de la oscuridad: nada de eso conduce a ningún lado.

Dios sabe con exactitud cuál es tu situación.

Él quiere ser ahora la realización de tu palabra.

Sé directo, claro y positivo.

Encuentra en tus palabras la realización de la solución, de la petición y siente la felicidad de estar en posesión de esta verdad.

Di todo con tus propias palabras, a tu manera, incluso con tus malos modales. No importa la forma en que te expresas. Lo que importa es lo que quieres decir.

Puedes, incluso, leer una oración ya existente, que exprese tu deseo, pero siéntela brotar de tu mente o de tu corazón.

Hay personas que, en su sencillez, rezan, por ejemplo, diez padrenuestros para conseguir la curación del estómago. En un caso así, pasa lo siguiente: primero, a través de la oración del padrenuestro, estás entrando en contacto con Dios; segundo, tu pensamiento, ligado a tu deseo, está realizando la petición. Es válido.

Masaharu Taniguchi cuenta, en uno de sus libros, esta historia pintoresca: «La Iglesia Unity tiene la siguiente oración para bendecir el dinero o los bienes, para que se multipliquen: "El amor de Dios los bendice a través de mí y los multiplica". Una señora que no conocía el sentido ni la finalidad de esta oración, inculcó esas "palabras de la Verdad" a fin de acabar con los insectos nocivos. La oración produjo un efecto inmediato y los insectos desaparecieron».

Bastaron la intención y el deseo inscrito en la mente de aquella mujer. Las palabras del texto fueron apenas el vehículo con el cual ella transmitió su deseo a Dios.

Dios atiende aquello en lo que crees y no lo que dices.

El Padre Celestial atiende lo que dices, cuando crees en lo que dices.

No es la oración que es, de por sí, infalible, sino la oración hecha con fe.

Recuerda, una vez más, que la mejor oración es aquella expresada de forma simple, directa, espontánea que dice lo que quieres decir.

En general, las oraciones cortas tienen mejor efecto en la mente que las largas y extensas.

Quinto requisito: creer que lo estás consiguiendo

Dijo Jesús: «Tened fe de conseguirlo y se os concederá».

Cuando haces una oración, cree que, por el mero hecho de estar rezando, ya lo estás consiguiendo. Esta actitud parte de la verdad de que Dios es siempre la respuesta de tu oración. Para crear esta realidad, nada mejor que visualizar tu petición, como si ya fuera atendida.

Usa la imaginación. El cuadro mental tiene una fuerza estupenda. Al grabar esta imagen en tu mente, llegas a verla con nitidez y, entonces, conservas, con más fuerza, esa verdad dentro de ti.

La imagen es una creación divina en ti.

Lo que tiene poder para crear en la mente, tiene poder de realización.

Cuando generas el cuadro mental de lo que deseas, estás facilitando su cumplimiento.

Nunca te preocupes de cómo se cumplirá. Eso es asunto de Dios.

No digas a Dios cómo debe oír y atender tu plegaria. Él lo sabe mejor que tú, porque su conocimiento es infinito.

Depende de ti pedir y creer que lo estás consiguiendo.

Depende de Dios dar y saber cómo dar.

Sexto requisito: persistir

Como el pedir ya contiene el recibir, una vez hecha la petición, mantén la mente enfocada en esa verdad, persistiendo en ella con calma y paz de espíritu, hasta que se vuelva una convicción absoluta.

Perseverar en la oración es mantener la actitud mental de creencia en la realización de la plegaria.

La persistencia no implica angustia, miedos o ansiedades. Se trata de una persistencia agradable, alegre, que mantiene una expectativa placentera del cumplimiento del deseo.

Esta actitud, sostenida con fe y tranquilidad, hace que se acelere la realización, pues tu pensamiento se ha vuelto unívoco.

Séptimo requisito: relajarse y profundizar

Cuanto más interiorizas la oración, más libre estará tu cuerpo y más receptiva estará tu mente. Y, así, generas un estado de armonía entre mente y cuerpo. Para facilitar este estado de meditación profunda, puedes seguir el método de relajamiento de todo el cuerpo.

En las profundidades de tu ser, entras en contacto directo con Dios, el Poder Infinito y la Sabiduría Infinita.

Tu oración, en este estado interior positivo y confiado, es infalible.

Una vez hecha tu oración, descansa, pues, así, dejas que Dios hable.

La tensión y la ansiedad impiden la comunicación divina.

Descansa en el corazón de Dios.

Lourenço Prado escribió sobre este aspecto de la oración: «El sentimiento profundo de calma y tranquilidad absoluta durante el tiempo en que haces la afirmación es la prueba evidente de que tu petición ha sido atendida y que las fuerzas divinas han entrado en acción para llevarla a cabo». (*Alegria e triunfo* [«Alegría y triunfo»]).

Cuando sientes un alivio interior, aquella paz y alegría que siguen a la tormenta, aquel sentimiento de victoria sobre algo, aquella sensación de que ya has sido escuchado, esto ya es una señal de que, realmente, tu petición se ha cumplido. Entonces, no hace falta rezar más para que se cumpla este asunto. Ya lo has conseguido.

Octavo requisito: ahora, da las gracias

En cuanto tu petición se haya atendido, da las gracias.

—Sí –dirás–, pero todavía no ha pasado nada.

Cuando una oración tiene lugar en la mente, sucede también materialmente.

Si la matriz de tu deseo está grabada en tu mente como una verdad, es imposible que no se materialice.

Es por esto que antes he dicho, en el capítulo anterior, que, una vez alcanzado el punto de certeza, puedes desconectar la mente, descansar y agradecer, puesto que ya está todo hecho.

Para consolidar tu certeza, eleva ahora la oración de agradecimiento por el cumplimiento de tu petición.

Da las gracias con tus propias palabras o adoptando una fórmula sagrada como: «Amén. Así es y así será. Así es ahora y siempre. Muchas gracias por haberme oído. ¡Gracias te doy, oh Padre!».

O puedes hacer la siguiente oración: «Gracias, Padre Celestial, que habita en mi secreto interior, por haberme oído. Sé que tú siempre me oyes, porque los dos somos uno. Tú eres siempre mi respuesta, como nos enseñó tu hijo Jesús cuando dijo: "Pedid y recibiréis, porque todo aquel que pide, recibe".

Soy feliz y agradecido, porque tu poder y sabiduría se manifiestan en mí.

¡Qué bueno y maravilloso es, Padre, saber que tú siempre oyes y atiendes nuestras peticiones!

Me siento descansado, aliviado, alegre y muy agradecido, oh, Padre Celestial!

¡Gracias! ¡Gracias! Porque así es ahora y siempre. Amén».

El *amén* que dices al final de tu oración significa «así sea». En otras palabras, centra la mente en esta verdad: Dios oyó mi petición.

No admitas ningún pensamiento de duda o de miedo.

«Dios oyó mi petición.»

«Estoy recibiendo la respuesta divina.»

«Sé que así es y así será.»

No hay necesidad de esforzarse para convencer a Dios. Tú y Dios sois uno, de tal modo que tu pensamiento es el pensamiento de Dios, tu deseo es el deseo de Dios, tu respuesta es la respuesta de Dios.

Entonces, ¿para qué esforzarse?

Emmet Fox ya decía en uno de sus libros, con mucha razón: «Tanto en la oración como en el tratamiento (como en la mayoría de las cosas), cuanto menos esfuerzo haces,

mejor. Realmente, el esfuerzo te desvía. Ora suave, dulce-
mente, sin tensión».

He aquí una gran verdad.

La oración confiere certeza y pasa suavemente, como la
brisa, sobre los campos de trigo.

Capítulo V

Orar no es hacer sacrificios ni penitencias

Una vez, un señor me dijo que sólo de oír la palabra *rezar*, sentía una rebelión casi incontrolable. Y me contó que, cuando era pequeño, los padres lo habían llevado a la iglesia, donde tenía que permanecer horas y horas sentado en los bancos duros, sin moverse, sin poder hablar, sin poder salir para hacer las necesidades, muchas veces cayéndose de hambre y cansancio. De joven y, más tarde, de adulto, participaba en extensas reuniones de oración que poco o nada le significaban, muchas veces hasta llegar a deprimirse, porque las oraciones daban a entender que él era malo, que las personas eran malas, que el mundo era malo y que esta vida no tenía sentido; sólo le quedaba la esperanza del Cielo, pero éste le quedaba mucho más lejos que el Infierno.

Oración no es una declaración de pequeñez delante de Dios. Eso sólo aumentaría la distancia entre tú y Dios, más bien es un estado de comunión con Dios, una declaración de unidad con el Padre. Es el momento de la grandeza humana más elevada y, en esa Luz Divina se ve la humanidad, el mundo y todo el universo. La oración es, por tanto, el momento de elevación interior. La oración es un estado de interacción con Dios, con la Felicidad Infinita, con el Bien, con el Amor Infinito, con la Fuente de energía y no tiene nada que ver con sacrificios, penitencias, posiciones incómodas, cansancio, dolor o sufrimiento.

Ten presente que Dios no es un sádico que encuentra placer en hacerte sufrir.

Siente el placer de la oración

Orar es hablar de amor, cantar alegría, festejar la vida, encontrarse con el Padre, sumergirse en la Luz, beber de la Fuente de energía, extender las manos para recibir la abundancia material.

En lugar de arrodillarte sobre piedra dura, procura poner el cuerpo en una posición cómoda, a fin de no estorbar a la mente.

En lugar de realizar largas oraciones sobre algo que no significa nada para ti, concentra tus pensamientos en tu mundo y en el mundo que deseas para toda la humanidad. Como la oración genera la realidad a partir de su contenido, emergerás de esa oración más feliz, más lleno de energía, más confiado y más luminoso.

No es el hablar mucho lo que llega a Dios, sino la concentración y la fe.

Dios es Padre y no un tirano que exige que te quedes horas y horas en una misma postura, haciendo largas y fatigosas reverencias.

¿Cómo hablas con tu padre? Igual que hablas con tu padre, habla en tu encuentro con tu Padre Celestial. Tú eres hijo de Dios, por tanto, siéntete en casa, bien a gusto.

Igual que no repites la misma cosa a tu padre, no hace falta que repitas tantas veces la misma cosa al Padre Celestial, pues él no es tonto, ni insensible, ni distraído, ni sordo.

Depende de ti

El resultado de tu oración depende sólo de ti y no de Dios. Dios es siempre la respuesta total de toda oración unívoca y hecha con fe.

Las repeticiones, las insistencias, resérvalas para ti mismo, para fortalecer tu fe, pero no para convencer a Dios. Cuando te convences a ti mismo, Dios ya está convencido, pues Dios actúa en ti solamente a través de ti.

A veces, pides una cosa, pero piensas que pasará exactamente lo contrario. Para que esa cosa buena que estás pidiendo se cumpla, hace falta que mantengas tu pensamiento unívoco y sin contradicciones. Para ello, te puedes servir del refuerzo de la repetición, de la insistencia, de la meditación, de la mentalización, de la vela encendida, de la novena, de la peregrinación, del sacrificio, de la limosna, de los buenos actos, del canto, de la procesión, de la promesa y de otras formas habituales. Nada de eso tiene nada que ver con Dios, sólo contigo.

La ley de Dios es que toda palabra de fe, toda petición hecha con fe, obtiene el resultado del Altísimo. Para que exista esa fe, muchas personas se sirven de múltiples rituales. Fíjate bien: para alcanzar el estado de fe y no para convencer a Dios.

Dios es siempre la respuesta de tu oración hecha con fe.

«La fe», vuelvo a repetir, «es no dudar de tu corazón, sino creer firmemente en la realización de tu palabra». Esta definición es de Jesús. *Fe*, por tanto, no significa hacer oraciones sacrificadas y fatigosas, sino simplemente creer en el contenido de tu oración. Punto final.

La fe es un estado mental. No pienses, pues, que la fe está en las rodillas o en las cuentas del rosario o en los libros de rezos o en los pies descalzos o en la vela encendida o en la hora santa. Todo eso puede ser importante para despertar la fe en ti. Pero no es la fe. Puede ser el objeto de la fe, pero no la fe misma.

La fe, que produce el milagro, es creer firmemente en el cumplimiento de tu palabra; es tener la certeza absoluta de que tu oración se atiende. Ésa es la fe que surte efectos.

Orar no es hacer penitencias, es participar en el banquete celestial

El reino de los cielos —dijo Jesús— es un banquete.

Al oír esta afirmación, tan hermosa y mágica, un hombre se arrebató y gritó desde la multitud:

—¡Feliz aquel que participa en el banquete de Dios!

En ese banquete, estarás sentado cómodamente, disfrutando del placer de la comida y de la bebida, viviendo la alegría de la fiesta y compartiendo la fraternidad con todos los comensales.

La oración es tu fiesta interior que se expresa en el exterior.

Practicar penitencias físicas para agradar a Dios es suponer que Dios encuentra placer en el sufrimiento. Ya he di-

cho que Dios no es un sádico. Realizar sacrificios peniten-
ciales para aplacar la ira divina encendida por causa de tus
pecados no es más que otra equivocación tremenda, como
si tus errores y flaquezas cambiasen el estado del ánimo divino.

La única manera de compensar el mal es practicando el
bien. Sencillo, ¿no?

Otro error es pensar que Dios castiga. Dios no castiga a
nadie. Eres tú quien cosecha las consecuencias de sus actos.

La ley del retorno muestra las consecuencias de tus malos actos.

Jesús enseñó que, por la ley del retorno, todo lo bueno
que piensas, hablas, deseas o haces a alguien, recae, en primer lugar, sobre ti mismo, y vuelve a ti multiplicado; mientras que todo lo malo que piensas, hablas, deseas o haces a
alguien, recae, en primer lugar, sobre ti de forma multiplicada.

No se trata, pues, de un castigo, sino sencillamente de
un resultado. Se pone en práctica en ti la ley de causa y efecto.

Tú eres el resultado de tu propia causa.

Dios es sólo el Bien, el Amor, la Felicidad, la Paz, el Reino de los Cielos, la Salud y la Perfección.

Al conectarte con Dios, te conectas con el Bien; al conectarte con el Bien, te conectas con Dios. Sea cual sea tu
religión. Al conectarte con el mal, bajo cualquier forma, lo
que recoges son los resultados del mal, y no el castigo de
Dios.

La penitencia de tus malos actos –si lo podemos llamar
así– no es otra cosa que volver al bien, es decir, a la paz, al
amor, a la felicidad, a la salud, a la armonía, a la bondad, a

la fraternidad, a la alegría, a la luz, al mundo bueno y positivo.

Te daré un ejemplo sencillo: si te has dejado llevar por la rabia, en vez de arrodillarte sobre piedras como penitencia, haz la oración de la calma, de la paz, del amor, de la paciencia y sonríe cincuenta veces al día. Ésta es la compensación más bella y perfecta. El mal se compensa con el bien y no con otro mal.

Ahora empiezas a ver que el mundo de Dios es un mundo sencillo, fácil, agradable, positivo, benéfico, lleno de luz y de vida maravillosa.

Piensa siempre que este mundo es el reino de los cielos, la casa de tu Padre y que tu vida es un banquete todos los días.

Capítulo VI

Tu vida es tu oración

Un día, mientras esperaba en el aeropuerto de Río de Janeiro, vino a saludarme una señora, muy feliz y sonriente.

—Oye, Lauro, desde que participé en tu grupo, me siento como otra persona. Renacida. Todos los días sumerjo mi mente en el Mensaje del Amanecer, después, visualizo un día feliz, bendito, saludable y exitoso; durante el día inculco mis jaculatorias positivas y me siento maravillosamente bien.

Aún no habían pasado quince minutos, cuando otra persona se acercó a mí, muy abatida, con una expresión de agobio, de sufrimiento que se plasmaba en todo el cuerpo.

—No estoy muy bien –me dijo–. Tengo una depresión, un desánimo, que no sé…

—Tienes que cambiar de pensamientos –le aconsejé–. Visualiza la solución y no el problema.

—Mira que yo rezo varias horas al día. Participo en grupos de oración, leo la Biblia, pero estoy pasando una época difícil.

—Acuérdate de lo que hablamos en los grupos, sobre las leyes de la mente. Una de las leyes es ésta: lo semejante atrae a lo semejante. Este enunciado significa que pensamientos positivos producen resultados positivos, así como la oración de amor genera amor, la oración de alegría genera alegría, la oración de paz genera paz.

Si con tantas horas de oración tu vida no es maravillosa, debe de haber un error. Basta saber que el pensamiento es una realidad mental que se expresa materialmente. Toda oración hecha con fe no puede dejar de hacerse.

Sólo palabras no bastan

Continué la conversación con aquella persona. Podía ser que el contenido de su oración no tuviera nada que ver con sus necesidades interiores; podía ser también que sólo rezara con los labios, mientras que su corazón no estaba presente, tal como reclamó una vez Jesús.

Dijo él: «Este pueblo me honra con los labios; pero su corazón está lejos de mí».

Hay otro pasaje en la Biblia que dice: «El que posee entendimiento, ama su alma; el que guarda la inteligencia hallará el bien». (Pr 19, 8-9).

Intenta armonizar las palabras de tu oración con tus ansiedades interiores, pronunciándolas con entendimiento y comprensión.

En otras palabras, debes saber lo que estás diciendo y di sólo lo que quieres decir.

El Maestro, un día, dio una lección de cómo se debe orar. Entre otras cosas, dijo: « En la oración, procurad no hablar mucho, como hacen los gentiles; que se imaginan que por su palabrería habrán de ser oídos». (Mt 6, 7).

Según algunos maestros modernos, la oración ideal es sencilla, directa, espontánea, transparente y corta.

Dios sabe lo que necesitas; por tanto, de nada vale hacer largas oraciones repetitivas, a no ser que las hagas con el fin de reforzar tu fe.

A Dios le basta con una palabra, siempre que tu «sí» sea realmente un «sí» y tu «no» sea realmente un «no».

Emmet Fox escribió que «las oraciones cortas casi siempre son mejores que las largas».

Yo, cuando participo en oraciones comunitarias, a veces me siento atrapado, porque me gusta reflexionar con calma y lucidez sobre lo que estoy diciendo u oyendo, y en la oración hecha en común no se puede parar para que cada uno siga su propio curso de pensamientos.

No quiero decir que no tenga valor la oración en grupo. Tiene mucho, ya que, al estar muchas mentes conectadas a través de la oración, la energía es infinitamente mayor, la comunión de pensamientos crea mejores condiciones para que lo deseado tenga lugar y el beneficio de cada uno se multiplica en función de todos.

Pero la oración comunitaria no puede dejar de contener la esencia de la oración, que es el contacto con Dios.

Tú eres el resultado de tu oración

La escritora Catherine Ponder escribió lo siguiente en su libro *Pray and grow rich* («Reza y hazte rico»): «La mente es el hilo de conexión entre Dios y el hombre; y la oración es el método de pensamiento que conecta a Dios con el hombre».

Si la oración es el método de pensamiento que conecta a Dios con el ser humano, toda oración es un contacto con la luz, con la energía infinita, con las fuerzas superiores y estas fuerzas se deben, de forma obligada, manifestar en la vida de una persona, volviéndola feliz.

Piensa conmigo: la oración es una conexión con Dios; ahora, Dios es felicidad; por tanto, la oración genera felicidad. De ahí se deduce que cuanto más reza una, más feliz es. Y esa felicidad se expresa en todo el cuerpo, porque el cuerpo es el resultado de la mente.

«El árbol se conoce por sus frutos», dijo Jesús sabiamente. Y especificó: «Un árbol bueno no puede dar frutos malos, ni un árbol malo darlos buenos». (Mt 7, 18). «Por sus frutos los conoceréis. ¿Acaso se cogen uvas de los espinos, o higos de las zarzas?». (Mt 7, 16).

De las palabras del Maestro se concluye que, si la vida de una persona que reza mucho no es buena, debe ser que reza una cosa y piensa otra; o que su oración es negativa y perjudicial; o que no cree en el poder infalible de su oración; o que está haciendo la oración opuesta a sus necesidades; o, incluso, que está rezando la oración de otros y no la suya.

Por su vida se conoce la oración de una persona. La vida es la materialización de la oración y de los pensamientos de alguien.

Oración es pensamiento y todo pensamiento unívoco se plasma en la vida humana.

Si el resultado es malo, la oración es mala, pues, por sus frutos los conoceréis; si el resultado es bueno, la oración es buena.

Es fácil, pues, concluir que tu vida es la materialización de tu oración.

Una persona feliz es la que está conectada permanentemente con Dios, con la Felicidad, con la Vida, con la Luz, con el Amor. Éste es el estado supremo del ser humano.

Si ves a una persona alegre, feliz, agradable, cariñosa, de buen corazón, tolerante, amiga, servicial y positiva, puedes estar seguro de que esta persona está en comunión con el Bien, que es Dios, aun cuando nunca haya entrado en una iglesia.

El árbol se conoce por sus frutos.

Cuando yo era niño, mis padres me obligaban a ir a dos misas cada domingo. Una de las cosas que más me impresionaban, era ver personas en el portal de la iglesia, recién salidas de las preces y de la comunión, que hablaban mal de fulano y zutano por una cosa u otra y también, hablaban mal del cura.

Esas personas entraron en la iglesia sólo para cumplir una obligación o un ritual.

No actuaban así por maldad, está claro, sino por pura ignorancia.

La oración correcta no sucedió, porque, si hubiera sucedido, hubieran salido de la iglesia felices, bendiciendo a los demás, la vida, el universo y a todos los seres existentes que forman parte de nuestra comunidad universal.

Dime con quién andas y te diré quién eres

El famoso filósofo Sócrates (h. 470-399 a. C.), hizo una afirmación que se hizo célebre: «Dime con quién andas y te diré quién eres».

Si me dices el contenido de tu oración, te diré quién eres; si me dices quién eres, te diré cuál es el contenido de tu oración.

Tu vida es tu oración; tu oración es tu vida.

Si te sientes amargado, apurado, ante barreras insuperables, deprimido, abatido, sofocado, sufres dolor de cabeza, falta de aire, problemas del estómago o del corazón, observa si tu oración no está llena de palabras que expresan sufrimiento, renuncia, sumisión, sacrificio, privación, carga, abandono, pérdida de identidad, aniquilamiento, miseria y pequeñez.

Acuérdate de que tu palabra es tu oración; y tu oración hecha con fe es tu realidad existencial.

Palabras negativas llevan el fruto que le es propio.

Cada árbol sólo puede llevar el fruto que le es propio.

—Pero, entonces, ¿cómo voy a rezar? –dirás, impaciente.

Búscate oraciones y fórmulas que contengan palabras de contenido positivo; que transmitan una energía benéfica; que te levanten en vez de tirarte para abajo; que te hagan tocar el abrigo de Dios y no el polvo de la tierra; que signifiquen luz y no sombra; que comprendan el mundo como creación divina y no como el centro del mal. Tus oraciones deben estar repletas de palabras que expresen amor, paz, alegría, felicidad, luz, poder, sabiduría, armonía, bondad, generosidad, liberación, grandeza interior, fuerza, energía, valentía, salud, vitalidad, abundancia, verdad, comprensión, cariño, ternura, elevación, sublimidad, corazón, fe, esperanza, belleza, maravilla, grandiosidad, afecto, amistad, entendimiento, divinidad, comunión y muchas otras cosas que, como dijo Jesús, son espíritu y verdad.

La oración de la religiosa

—Estoy obligada a hacer la oración de la sumisión a las superioras, la oración de la obediencia, de la renuncia a los bienes –me dijo una monja.

Puedes expresar las mismas cosas sin sentirte anulada. Por ejemplo:

«Padre Celestial, gracias por haberme creado libre e inteligente, con la misión maravillosa de poner en práctica los grandes ideales de mi convento. Sigo adelante feliz y llena de luz, irradiando tu presencia en mi comunidad, ante las superioras y todas partes. Me siento fuerte y libre por haber optado por este camino, en el que me realizo plenamente. Veo en la superiora, y en todas las demás personas, tu faz y busco el lado divino de la Verdad en cada palabra. Escucho a los demás con respeto y cariño, tal como deseo que ellos escuchen mi palabra. Permanezco en estado de paz y sabiduría y sigo tu voz, que siempre me habla desde las profundidades de mi ser. Soy libre y feliz y celebro cada día como un renacer a la vida, al bien, al amor, a la luz y a la felicidad. Amén».

Capítulo VII

La oración más elevada

La falta de una comprensión más profunda de la oración puede hacer que pierda el sentido y que se vuelva fatigosa e indeseable.

Puede que éste sea uno de los motivos que lleven a tantas personas a detestar la iglesia.

Y puede que tengan razón.

Cuando un grupo de personas se reúne, por ejemplo, en una iglesia para rezar, probablemente alguien coja un libro y dirija a todo el mundo para decir cósalas mismas palabras, al mismo tiempo.

Imagínate que, en tu casa, toda la familia resolviera coger un libro cualquiera y leer veinte páginas en voz alta para rendir homenaje al padre, el día de su aniversario. Como mínimo, sería una cosa rara que no transmitiría ningún afecto, ni gratitud ni felicitaciones.

Entonces, ¿por qué en una iglesia todos cogen un libro y leen en voz alta palabras comunes, a veces sin mayor significado, pretendiendo manifestar con eso amor, agradecimiento y comunión con el Padre?

En medio de esta multitud orante, puede haber alguien feliz de la vida que, sin embargo, se queda leyendo un texto que habla de «sufrimiento y llantos sin fin, en un valle de lágrimas...». Esta persona no está diciendo más que disparates.

¿Por qué, hablando con tu padre, dices lo que piensas, reflexionas, le transmites lo que hay dentro de ti, hablas del mundo que los dos comprendéis, expresas tu verdad y tu punto de vista y, sin embargo, en la conversación con el Padre, lees una fórmula, repites veinte veces la misma cosa y diez veces una situación genérica, empleas palabras pomposas con frases de la Edad Media, dices una cosa y piensas otra, y te quedas anclado en los mismos elogios?

Esto me ha hecho recordar un chiste que contó el artista Lima Duarte en un programa de televisión: Un indígena mestizo que vivía en el interior del país, tenía una fórmula milagrosa para curar el dolor de estómago. Consistía en decir veinte veces «Dominus teco». Llegaban los habitantes de la ciudad retorciéndose de tanto que les dolía el estómago y el mestizo les recetó veinte «Dominus teco». La gente iba de lejos para curar sus problemas de estómago a través del milagroso «Dominus teco».

Un día llegaron unos científicos para estudiar esta técnica curativa y preguntaron al indio por el significado del «Dominus teco».

—Oigan –respondió el mestizo–, lo que significa no lo sé, ¡pero garantizo que cura el dolor de estómago!

El desinterés por la oración se debe a la dicotomía entre lo que se dice y lo que se piensa; entre lo que se pide y lo que se desea; entre las necesidades individuales y las necesidades colectivas implantadas.

Si hay desinterés, hay tedio. Y entonces la oración se presenta como mera obligación religiosa. Rezar es mucho más.

La dimensión infinita de la plegaria

Para empezar, orar es realmente un honor extraordinario, porque estás teniendo audiencia particular con el creador de las galaxias, con el matemático que calculó el equilibrio de las energías físicas, con el inventor de las flores, con el científico que ingenió los átomos, con el artista que diseñó las aves, los animales y los peces...

Orar es el abrazo de lo finito con lo Infinito.

Orar es la vía de comunicación entre el ser humano y su Padre.

Orar es introducir la llave en el depósito infinito y sacar lo que se necesita.

Orar es transformar palabras en realidades físicas.

Orar es ejercer la fórmula del milagro.

Orar es ser y tener.

Para el que comprende esto, no existe el desinterés, ni el cansancio, ni el tedio en la oración.

La oración auténtica nace en el fondo del alma y no en las páginas de un libro.

La oración publicada en libros puede, tal vez, serte útil o bien, no decirte nada. Si no te dice nada, tampoco le dice nada a Dios.

Verifica, pues, si la oración leída o aprendida de memoria transmite exactamente tu pensamiento, tu sufrimiento, tus necesidades y deseos. Si es así, la oración será tan valiosa como la oración creada por tu mente.

Tu oración interior, profunda, aunque sea de cinco palabras, sencilla y llena de errores gramaticales, es la oración más perfecta para ti y para Dios.

Es posible que, al leer estas líneas, te quedes un poco confundido y preguntes: pero, si el hombre es un ser social, si el cristiano es la Iglesia, ¿su oración no debería ser comunitaria?

Sí, ciertamente, el hombre es él mismo más el universo, ya que encierra todo el universo dentro de sí. Sin embargo, no querrás reunir todo el universo o toda la humanidad para hacer juntos una oración que será un grito universal.

Eres tú quien hará de la oración una comunión eclesial y no puede ser de otra manera, porque cada palabra tuya alcanza a todo el universo.

La conclusión, por tanto, no es que tu oración se haga conjuntamente con todos los seres del universo, en una unión física, sino que tu oración contenga en sí la comunión universal.

Si tu oración contiene odio, maldiciones, propósitos nefastos, pensamientos negativos, pesimismo, insatisfacciones, sufrimientos, no estás en comunión universal, porque Dios y el universo son el Bien y no te conectas con Dios, ni con el universo, sino sólo con el mal.

Se puede concluir entonces, que la oración más elevada y más perfecta es tu estado interior de comunión con Dios y con el universo de Dios. Por eso, orar no es sólo ejercer una comunicación oral o meditativa con Dios. Toda tu forma de ser mental y física puede ser oración. Tu palabra benéfica y positiva es oración; tu cantar benéfico y positivo es oración; tus gestos benéficos y positivos son oración; tu trabajo benéfico y positivo es oración; tu sonrisa benéfica y positiva es oración; tu invención benéfica y positiva es oración; tu ejercicio físico, benéfico y positivo es oración; tu broma benéfica y positiva es oración.

No hace falta conocer esa verdad, ni hace falta, antes de cada una de estas situaciones, concienciarte de que vas a rezar.

El Bien, bajo cualquier forma de expresión, es oración.

La oración más perfecta

La oración más perfecta es el estado interior y exterior de felicidad.

Tenía razón Bhagwan Shree Rajneesh, cuando dijo: «Una persona realmente feliz no necesita rezar. Su oración es la felicidad misma. Y no existe oración más elevada que ser feliz... Sé feliz y serás religioso. La felicidad es la meta».

Realmente, si eres feliz, eres la manifestación más perfecta de Dios en la Tierra.

No hay mayor contradicción en el mundo que ver a una persona prestándose a largas e interminables horas de oración verbal o mental, y, al mismo tiempo, seguir infeliz.

—Pero –dirás–, para ser feliz es necesario hacer la oración de la felicidad.

Muy bien.

Tú eres tu oración. Si creas la felicidad en la mente, sea por medio de la palabra o del deseo, de la imagen, de la meditación o mediante una oración de felicidad extraída de un libro, serás feliz, porque la palabra genera la realidad de su contenido. Toda oración o visualización en la que crees, da el resultado correspondiente.

Pues bien, ahora te has vuelto feliz. Felicidad es el estado interior. Como todo estado interior se manifiesta en el mundo exterior, tu cuerpo se vuelve feliz, la vida se vuelve felicidad, el universo es felicidad, todo es felicidad en ti. Y ésa es la más completa y perfecta comunión humano-divina.

Ser es mucho más que rezar, porque el ser es la oración más su efecto; es decir, es la oración más el resultado de la misma. Sí, porque puede haber oración sin resultado alguno, cuando se hace sólo con la boca. Entonces, no se hace realidad en la persona.

Éste es el reino de los cielos

Jesús vino a este mundo para, entre otras cosas, mostrarnos el camino hacia el reino de los cielos.

—El reino de los cielos está dentro de vosotros –dijo él.

Ésta es una verdad rotunda.

Cuando el reino de los cielos, que es el estado de felicidad, está dentro de ti, en consecuencia, tu mundo exterior también será el reino de los cielos, tal como ya se ha dicho.

La meta es el reino de los cielos. Por tanto, la meta más alta es ser feliz.

Una persona feliz está en el reino de los cielos, lo sepa o no, sea o no cristiana.

Puesto que Jesús enseñó verdades divinas y universales, es lógico que, sin cumplir esas verdades, una persona no consigue salvarse o ser feliz. Pero, la verdad es universal y existía ya antes de Jesús. Él fue enviado para revelar, enseñar y clarificar esas verdades.

Pero, muchos de estos mismos principios universales ya los practicaban millones de personas antes de Cristo; aunque muchos de ellos permanecieron ocultos o desconocidos.

Un indígena feliz es un indígena en interacción con sus semejantes, con los animales, con la naturaleza, con el universo, con su deidad y, por eso, es un santo.

Siendo santo, alcanzará la gloria infinita. Aunque nunca haya oído hablar de Jesús.

Si te sientas en un banco de la plaza da Sé, en São Paulo, verás gente saliendo de la catedral, gente saliendo del metro, gente mirando a los comerciantes, enamorados, gente descansando, conversando, haciendo negocios, hablando sobre política. Fíjate bien en cada uno de ellos. Los más felices, los más armoniosos, los más irradiantes no son necesariamente los que están saliendo de la catedral. Y estarás de acuerdo conmigo en que las personas más armoniosas y más felices son las que están cerca de Dios.

Un día, Jesús hablaba sobre el reino de los cielos, explicando la felicidad que impregna a las personas que la llevan en sí.

Un hombre, en medio de la multitud, quedó tan arrebatado que gritó:

—Feliz aquel que participa en el banquete divino.

¿Has visto? El reino de Dios, según dicen los evangelios, se compara con un banquete. Banquete es un estado de fiesta, un estado interior de felicidad.

La oración es un banquete y el banquete se vuelve oración. ¡Estupendo!

Ésta es la perfección.

Rajneesh dice que el hombre lleno de gracia no necesita rezar: la oración es un sustituto inferior.

Y continúa diciendo: «Tú puedes comer de tal manera que el acto se convierta en una oración».

Es exactamente lo que estaba diciendo.

Una vez que la humanidad cobra conciencia de esa verdad, la oración reinará el mundo, las iglesias estarán repletas y la vida será un paraíso, una fiesta sin fin.

Hace unos días que estaba leyendo el libro *El secreto de secretos,* de Andersen, y me detuve en un pasaje que confirma lo que acabo de escribir: «En la medida en que la humanidad se percata de que existe un poder más grande, un yo mayor, con el cual cada uno puede identificarse y en el cual cada uno puede confiar para manejar sus negocios, se hace inevitable que los hombres crezcan en la imagen de su poder. Cuanto más se busca a Dios conscientemente en los asuntos humanos, tanto más rápida será su llegada en la Tierra. Llegará el día en que todas las personas se reconozcan a sí mismas verdaderamente como instrumentos y hallen su identidad espiritual. Serán lo que son porque existen, pero siempre sabrán que su verdadera existencia es infinita, eterna e inmutable. Su conciencia será idéntica con Cristo y cada uno habrá encontrado en sí mismo la fuente de toda alegría, el reino de los cielos».

Y cada uno habrá encontrado en sí mismo la fuente de toda alegría, el reino de los cielos. ¿Te has fijado?

Sí, realmente el reino de los cielos existe dentro de cada uno. Basta que la persona crea en esa verdad para empezar a abrir la primera puerta. La segunda puerta se abrirá, cuando se vea a sí misma. Al imaginarse en posesión de esa verdad, la encuentra. En eso consiste el camino. Pasando por esa segunda puerta, ya entra en su reino interior de los cielos. En este estado maravilloso, tu vida se convierte en una fiesta.

Hoy recibí la carta de una señora que participó en una de las jornadas que organicé sobre el poder de la mente, en la ciudad de Casacavel. Ella se sentía muy feliz y su vida cambió completamente para bien. Sin embargo, al final de su carta, expresaba una duda acerca de la afirmación de Tomás de Kempis: «Mal acaba una tribulación, llega otra. Y siempre tendremos que sufrir, porque perdimos el don de la primera felicidad».

No sé si Tomás de Kempis realmente escribió eso. Basta, sin embargo, que uno tome conciencia de que Dios no envía tribulaciones a nadie, para saber que el don de la vida no son las tribulaciones, sino la felicidad. Cuanto más cerca de Dios está una persona, más feliz es y su vida se convierte en el propio reino de los cielos. Así lo enseñó el Maestro. El resto corre por la cuenta de los conceptos y el ascetismo de cada pensador. La verdad no se deriva de la autoridad, sino que es el resultado de la Verdad misma. Y el conocimiento de la Verdad liberará el ser humano, según enseñó Jesús.

Ahora has encontrado el don de la primera felicidad y ella está a tu alcance.

Es lo que dice la Biblia: «No entristezcas tu alma».

El estado natural de la vida humana es, pues, según la Biblia, la alegría del corazón y no las tribulaciones.

Este estado interior de alegría genera salud y longevidad.

Me gustaría citar también a Emmet Fox, autor de varios libros. Él tiene una frase que confirma lo que he dicho hasta ahora: «La alegría de vivir es la oración más elevada de todas».

Entonces, piensa en la felicidad y tu vida será de felicidad. Siendo así, será la oración de felicidad más perfecta.

¿Y si tú no eres así?

Entre la verdad y la realidad puede haber una inmensa distancia. Esto, sin embargo, no es motivo de desánimo. Al contrario, da el primer paso ahora mismo y ya estarás más cerca de la felicidad total. Da el segundo paso y tu vida será mucho mejor de lo que ha sido hasta ahora.

A partir de hoy, haz la oración de la felicidad, gracias a la que te sientes bien contigo mismo, con Dios, con la humanidad y con el universo. Para sentirte bien contigo mismo, harás la oración de la paz, del amor, de la alegría, de la bondad, de la paciencia, de la autoconfianza, de la fe, de la armonía, de la inteligencia, de la salud, de la abundancia, del éxito, de la iluminación interior; para sentirte bien con la humanidad, harás la oración de la armonía, de la concordia, del amor, de la bondad, de la comprensión, de la tolerancia, del pensamiento positivo, de la buena voluntad, de la solidaridad, de la justicia, del equilibrio, del afecto, de la ternura, del reconocimiento de que todo ser humano es hijo de Dios, de la fraternidad; para sentirte bien con el universo, harás la oración gracias a la que te sientes uno con la naturaleza, con los animales, con las aves, con este mundo bello y grandioso.

Esta interacción total se llama felicidad.

Pensar es ser. Piensa en la felicidad y serás feliz.

Piensa en el reino de los cielos y el reino de los cielos iluminará tu vida.

Haz esto muchas veces al día a través de la palabra, de la meditación, de la petición, de la oración, de la visualización y te transformarás.

Nada es difícil. Basta persistir.

Quien busca siempre alcanza.

Capítulo VIII

La oración cura las enfermedades

Una vez, un padre se acercó a Jesús, llevando en sus brazos a su hijo que sufría de ataques, y le dijo al Maestro: «Si puedes hacer algo, ten misericordia de nosotros y ayúdanos. Y Jesús le dijo: Si puedes creer, al que cree todo le es posible». (Mc 9, 22-23).

La fe, como enseña el Maestro, cura todas las enfermedades. No importa qué nombre le hayan dado a tu enfermedad. Ella tiene curación.

El primer paso para alcanzar la curación de tu mal es tener la certeza de que tiene curación. Si piensas que tu mal es incurable y que tu enfermedad es irreversible, estás bloqueando la fuerza curativa.

Ninguna enfermedad resistió al método de curación por medio de la fe, que utilizaba Jesús. Él enseñó a sus discípulos a usar ese método a través de la fe y ellos también lograron curaciones maravillosas.

Cuentan los Hechos de los Apóstoles:«en aquellas cercanías tenía unas posesiones el príncipe de la isla, llamado Publio, el cual, acogiéndonos benignamente, nos hospedó por tres días con mucha humanidad. Y sucedió que, hallándose el padre de Publio muy acosado por la fiebre y la disentería, entró Pablo a verle y, haciendo oración e imponiendo sobre él las manos, le curó. Después de este suceso, todos los que tenían enfermedades en aquella isla acudían a él y eran curados. Por cuyo motivo nos hicieron muchas honras, y cuando nos embarcamos nos proveyeron de todo lo necesario». (Hch 28, 7-10).

El libro de los Hechos de los Apóstoles narra muchas curaciones realizadas por los discípulos de Jesús.

Pero Jesús enseñó que todos los hombres tienen el poder de curar sus enfermedades, porque la fe es un don existente en cualquier criatura humana.

El apóstol Santiago, en una de sus cartas, escribió: «La oración de la fe curará al enfermo y el Señor lo pondrá de pie».

Santiago no dice que la oración de la fe pueda quizás curar tu enfermedad. Nada de eso. Sino que la oración de la fe, sin duda alguna, curará al enfermo, sea cual fuera su enfermedad.

Pero Santiago dice aún más: «Y si has cometido pecados, éstos te serán perdonados». Por tanto, la oración de la fe no sólo elimina el efecto, sino también la causa.

Recuerda, una vez más, la historia de aquella mujer que sufría de un flujo de sangre. En doce años de tratamiento, ningún médico consiguió curarla. Había gastado toda su fortuna en vano.

Un día, Jesús recorría las calles de la ciudad donde vivía esa mujer. «Cuando he aquí que una mujer que hacía ya doce años que padecía flujo de sangre vino por detrás y tocó el ruedo de su vestido. Porque decía ella entre sí: "Con que pueda tocar su vestido, me veré curada". Mas, volviendo

Jesús, y mirándola, le dijo: "Hija, ten confianza, tu fe te ha salvado". En efecto, desde aquel momento, quedó curada la mujer». (Mt 9, 20-22)

La oración de la fe curará al enfermo

La oración de la fe obra el milagro.

No importa cuán larga sea la oración, no importan las palabras, ni tampoco que la gramática sea correcta. Lo que importa es la fe que se expresa a través de las palabras.

No sirve cambiar de oración cada día para ver si con otra fórmula se obtiene la curación. Lo que cura es la fe.

Incluso haciendo una oración breve y llena de errores gramaticales, si tienes fe, acontecerá el milagro.

La mejor plegaria para la curación es aquella que contiene la verdad de la curación y cuya visualización despierta la fe. Entonces, la curación es infalible.

«Y la oración de la fe curará al enfermo»

Ante todo es preciso saber que no se trata de implorar la curación. Tu oración de la curación no es propiamente una súplica. La súplica implica dudas, es decir, la posibilidad de que sea atendida o no. Sin embargo, la oración no depende de factores incontrolables, ni de la suerte. La oración obedece a las leyes espirituales, por eso toda oración, hecha con fe, es infalible; o bien, como dijo el apóstol Santiago –ya citado– «la oración de la fe curará al enfermo».

El mismo Santiago, en su carta, asegura: «Pedís y no recibís, porque pedís mal». Aquí tenemos otra prueba de que la oración es una ley: cuando las premisas de esa ley no se aplican correctamente, el resultado falla.

A fin de condicionarte para usar correctamente las leyes de la oración, empieza por reconocer que tú, en tu verdadera esencia, sigues siendo perfecto. La enfermedad es un error, un estado negativo, es el resultado de un malentendido y este estado mental no forma parte de tu realidad legítima como hijo de Dios perfecto.

Joseph Murphy escribió: «La salud es la verdad de tu ser. Cuando haces una afirmación de salud, armonía y paz para ti mismo u otra persona y cuando comprendes que ésos son los principios universales de tu propio ser, corrige los padrones negativos de lo que estás afirmando. El resultado del proceso afirmativo de la oración reside en tu conformidad con los principios de la vida, dejando de lado las apariencias».

Y concluye Murphy: «Reflexiona por un momento sobre el hecho de que existe un principio de la matemática, pero ninguno del error; hay un principio de la verdad, pero ninguno de la mentira; hay un principio de la honestidad, pero ninguno de la deshonestidad; hay un principio de la armonía, pero ninguno de la discordancia; hay un principio de la salud, pero ninguno de la enfermedad, y hay un principio de la abundancia, pero ninguno de la pobreza». (*El poder de la mente subconsciente*).

La curación es el retorno a la casa del Padre

La búsqueda de la curación de los males no es nada más que el cumplimiento de un llamamiento divino.

Donde existe la enfermedad, existe la desarmonía.

Donde existe la enfermedad, existe el mal en sí.

Es necesario que vuelvas a la casa del padre, que está en tu interior. Según escribió el apóstol Pablo: «Sois templos del Altísimo que habita en vosotros y este templo es santo», que es igual a decir que es sano.

Tu mente debe eliminar el problema ahora, es decir, debe eliminar la idea de enfermedad, porque la enfermedad no es tu verdad, ni es la verdad de Dios. Conecta tu pensamiento y tu imaginación con la presencia de Dios. Visualiza tu cuerpo como templo del Altísimo y, por tanto, lleno, armonioso y saludable.

En esta interacción con tu verdadero estado, tu mente consciente y tus sentidos seguramente intentarán interferir, deslumbrándote con otra realidad falsa, la imagen de la enfermedad y puede que, durante un tiempo, se apoderen de ti la ansiedad, la duda y el miedo. Mientras tengas la mente cargada de esas contradicciones, probablemente querrás volver a convertir tu plegaria en una súplica, en un grito de dolor. No optes por ese camino. Relájate, calma tu mente e intenta concentrarte, con ánimo y serenidad, en la verdad de que Dios está en ti y todo lo que Dios quiere tú también lo quieres, de modo que sea imposible que una oración hecha con fe no tenga resultados.

Cierra la puerta de los sentidos, concentra la atención sólo en el contenido de la plegaria y siente el poder de Dios dentro de ti.

No debes forzar tu oración. Ella debe ser suave y tranquila como un riachuelo en la campaña.

Si consigues cambiar las imágenes negativas de la enfermedad en tu mente, conseguirás cambiar la imagen negativa de tu cuerpo.

Al crear la salud en la mente, ya has creado la salud en el cuerpo, porque tu plegaria modifica los padrones subconscientes que, a su vez, actúan sobre el cuerpo.

El cuerpo no es otra cosa que la expresión de tu mente.

Fíjate en lo que escribió Emmet Fox: «Tu oración funciona modificando la parte subconsciente de tu mente. Ella borra el miedo y destruye las ideas falsas que van causando el problema.

»Todas las condiciones de tu vida son una extra-proyección de una creencia en el subconsciente. Cada molestia, cada dificultad que tienes, no es más que la materialización de una idea negativa en tu subconsciente, generada por una sobrecarga de miedo. La oración borra semejantes pensamientos negativos, con lo cual, su materialización también tiene que desaparecer».

La oración, pues, borra la enfermedad en la mente y, consecuentemente, borrará la enfermedad en el cuerpo.

Theodosia de Witt Schobert escribió: «Acuérdate de que el objeto de toda oración es elevar la mente individual a la conciencia de Cristo, a través de la cual toda verdadera curación se realiza». (*Manual de sanación espiritual: remedios divinos para la autocuración*. Ediciones Obelisco, 1995).

La curación es sencilla y fácil

Lo difícil es conseguir la enfermedad. La curación es fácil, porque la salud, las energías curadoras, la Fuerza Divina, la Presencia de Dios perfecto, ya existen en ti.

Agnes Sanford, en su libro *Healing light* escribió: «Lo más sencillo y directo de todos los proyectos de oración es la curación del cuerpo. El cuerpo es, de hecho, un laboratorio especialmente adaptado para la demostración del poder de Dios. Y la curación, a través de alguna forma de oración o de fe, es tan natural e instintiva como la respiración».

Un día, atendí a una joven que decía que, desde los once años, sufría desmayos; tenía ataques, caía al suelo, daba manotazos y, después, al volver en sí, no sabía lo que había pasado. Por esta razón, no podía ir a la escuela, ni trabajar, ni salir sola. Además de ese problema, tenía reumatismo, era nerviosa e impaciente.

Le di la siguiente oración para que la recitara varias veces al día. «Sé que soy hija de Dios, porque mi espíritu procede de Dios. Dios es salud y perfección, por eso me conecto con Dios y permanezco en la salud perfecta, física y mental. Ahora tengo perfecto y completo dominio sobre mis nervios. Estoy tranquila, agradable, alegre y saludable. Soy inteligente y exitosa. La sangre, los huesos, los cartílagos, los músculos, los nervios de las piernas y de todo el cuerpo están funcionando con total perfección y armonía. Ahora no siento más dolores en las piernas ni en las rodillas y estoy curada, gracias a Dios.

»Doy las gracias por la curación del cerebro, que ya recibí. Doy las gracias por mi salud. Siempre me encuentro bien, tranquila, llena de energías físicas y mentales. Esto es maravilloso. Así es y así será. Muchas gracias».

Los resultados fueron maravillosos. Desaparecieron los ataques y los desmayos; desapareció el miedo; empezó a salir sola y se sentía bien. Esto pasó en 1980.

Ora hasta que desaparezcan la angustia y la imagen de la enfermedad

Mientras que la imagen de la enfermedad persista en la mente, existirá también en el cuerpo, porque el cuerpo es el resultado de la mente. Por eso, la curación empieza en la mente.

El primer paso es relajarte, entrar en contacto con el Poder Divino y la Sabiduría Infinita, inmanentes en tu ser, y envolverte en la Perfección Divina.

Como he dicho, al principio, puede que tu concentración en la imagen de la curación se vea interrumpida por los miedos, por ideas negativas de que no es fácil, de que tu caso es demasiado grave; puede que la imagen de tu órgano enfermo no pueda ser borrada de la mente; puede que te sobrecoja el desánimo, la descreencia, por insinuaciones de que no puedes sanar, de que la enfermedad es incurable, de que la oración no tiene poder curativo, y así sucesivamente.

No te dejes perturbar por esos desvíos mentales. Sigue orando hasta limpiar tu mente. Mantén la serenidad. Procura, sin aflicción, crear y asegurar la imagen de tu curación, visualizándola durante unos minutos. Después descansa. Ahora vuelve a imaginarte completamente curado, saludable y lleno de vida. Descansa.

Esa oración se volverá cada vez más sólida, definida y definitiva. No luches, ni hagas mucho esfuerzo. La verdad debe penetrarte claramente como la certeza de que, bebiendo agua, la sed desaparecerá. No es el pedir lo que produce la curación, sino la fe, esto es, la certeza de la curación es la que la produce.

Pedir es imprescindible, porque, sin pedir, no habrá nada que recibir. Pero el resultado viene cuando hay fe.

Mientras permanezcas ansioso, tenso, asustado, preocupado o desanimado no habrá fe. La fe elimina todos esos estados mentales negativos.

Sigue orando y visualizando, hasta tener la certeza de que así es y así será. En este momento te sobrecoge un alivio delicioso, como la calma y el sol radiante que vienen después de la tempestad. Al sentir esta realidad interior, puedes terminar tu plegaria, porque ella fue oída y atendida.

No importa cuál sea la apariencia exterior de tu órgano; no importa si te está doliendo y causando molestias o si el médico sigue hablando en términos de enfermedad. Tu verdad interior de curación, salud y perfección es la verdad de tu subconsciente que, a su vez, realiza esta verdad en el cuerpo.

Cree que ya has recibido

La plegaria para la curación regenera el cuerpo, rehace los tejidos, armoniza el funcionamiento general, fortalece el órgano, refuerza las energías. Este proceso puede ser tanto inmediato como gradual.

Pero, aplicadas correctamente las premisas de las leyes de la oración, el resultado no puede fallar.

Masaharu Taniguchi enseñó: «Si, con la convicción de ser hijo de Dios, has confiado a Dios lo que deseas, da las gracias, con la convicción de que "Ya has recibido". Así, las personas y las cosas adecuadas empezarán a moverse a la hora exacta y en el lugar apropiado para hacer realidad aquello que deseas. Durante la fase de realización, pueden surgir momentáneamente acontecimientos que podrían parecer destructores, pero éstos corresponden a los estruendos propios de una obra de excavación y encofrado para cimentar la base. Por tanto, no debemos dejarnos influenciar por esas apariencias externas que parecen desenterrar la siembra de la fe que dice: "con total certeza se realizará"».

Cuando rezas para obtener la curación, debes saber que ésta ya aconteció, si así lo crees.

Siente, a partir de ahora, una gran alegría en tu corazón, ya que por fin estás en el camino indicado, el camino de la salud total.

Si tú puedes creer, al que cree todo le es posible

Una vez, dijo Jesús: «Si tú puedes creer, al que cree todo le es posible». (Mc 9, 23).

Tal vez haya pasado algo desapercibida la primera parte de esta afirmación del Maestro: «Si tú puedes creer».

«Si tú puedes creer».

Existen muchas personas que quieren curarse, pero que no consiguen creerlo en esta realidad.

Hay innumerables enfermos que rezan, sin cesar, para que Dios restablezca su salud, pero no consiguen creer que esto pueda acontecer. Son muchos los que piden a Dios la solución para sus males, pero están completamente desanimados.

«Si tú puedes creer».

Yo he conocido a tantas personas enfermas por todo el mundo y he comprobado que no eran pocas las personas que oían, rezaban, deseaban, pero no podían creer que así era.

«Si tú puedes creer».

Significa que tú necesitas conocer las leyes de la oración.

Puedes creer anticipadamente, sin embargo, en la realización de las leyes de la física, de la química, de la electricidad, de la mecánica, de la ingeniería, de la matemática, de la electrónica, y en tantas otras leyes que rigen este mundo. Por ejemplo, incluso antes de poner la mantequilla en el fuego, ya sabes que se derretirá; incluso antes de poner el agua en el fuego, ya crees, sin lugar a dudas, que se calentará; aunque millones de personas te dijeran que el agua no sacia la sed, crees, incluso antes de beber el agua, en que tu sed se saciará.

Así es la ley de la oración. Reflexiona sobre este aspecto y verás que no es tan difícil creer que tu plegaria para la curación surta efecto.

Ahora entiendes por qué no se trata de suplicar o de implorar la curación, sino de declarar la curación.

Al pedir, da las gracias

No esperes obtener primero los resultados de tu plegaria para la curación, para después agradecer.

Como escribió Harry Douglas Smith: «La persona que se deja tratar para curarse y retiene la gratitud hasta ver si realmente se recupera, bloquea la curación, con las dudas e incertidumbres, y con su falta de voluntad para aceptar la autoridad y el poder de la propia mente. Esta persona puede ir a la oficina y dictar una carta a alguien cuyo nombre apenas conoce, en un lugar lejano. Pondrá al final de su carta "Gracias de antemano". Esa persona tiene más fe en un extraño que vive a tres mil kilómetros de distancia que en el poder curativo que lleva dentro». (*The secret of instantaneous healing*)

La plegaria para la curación debe contener el agradecimiento, porque la petición ya contiene el recibimiento.

«Pedid y recibiréis, porque todo aquel que pide, recibe».

Reza y agradece. Glorifica a Dios. Exalta en ti el Poder Divino.

Aleluya. Aleluya. Amén. Amén.

La lección de Jesús

Cuando rezas, entras en contacto con el Padre, con el Infinito, con el Principio y el Fin, con el Absoluto, por tanto, el tiempo, el movimiento y el espacio no existen. Siendo así, el pasado es presente, el presente es presente, el futuro es presente; el movimiento inicial es el movimiento final, el espacio es el mismo.

La plegaria es el contacto con el Infinito, volviéndote infinito a ti y a tu plegaria, no por ti, ni por la plegaria, sino por causa del Infinito ahora inmanente a ti y a tu plegaria. De ahí que sea correcto tomar el contenido de la plegaria como una realidad del aquí y ahora.

Ésta es una razón más para agradecer a Dios, ya en el momento en que estás pidiendo, pues, gracias al Poder Infinito, lo que está por ser, ya es.

Jesús dio una lección clarísima sobre eso, cuando se dirigió a la sepultura de Lázaro, a fin de resucitarlo. En la oración al Padre, que pronunció delante del cadáver de Lázaro, él agradeció anticipadamente la resurrección de su amigo. Hasta aquí, sin embargo, la resurrección de Lázaro era apenas una plegaria, un estado mental de Jesús. El Maestro, sin embargo tenía la fe absoluta, debido al reconocimiento absoluto de su comunión absoluta con el Padre. En ese momento, la plegaria, la petición y la realidad eran una unidad indisoluble. Por eso, nada más natural y correcto que esa oración que dijo Jesús delante del Lázaro muerto: «"Padre, gracias te doy porque me has oído. Bien es verdad que yo ya sabía que siempre me oyes, mas lo he dicho por razón de este pueblo que está alrededor de mí, con el fin de que crean que tú me has enviado". Dicho esto, gritó con voz muy alta: "Lázaro, sal afuera". Y, al instante, el que había muerto salió fuera, ligado de pies y manos con fajas, y tapado el rostro con un sudario». (Jn 11, 42-44)

Todo ese espacio de tiempo entre el deseo, la plegaria, la orden y la resurrección de Lázaro, para Jesús eran una sola unidad.

Entiende, pues, que la petición ya contiene la realidad y, por tanto, ya debe contener el agradecimiento que es el reconocimiento de la realidad.

Bienaventurado quien haya reconocido la dimensión de esta verdad y la ponga en práctica, pues él descubrió el secreto del milagro.

Plegaria para la curación

Si no sabes cómo pedir la curación de tu enfermedad, eleva la oración siguiente:

«Padre Celestial, que habitas en mi interior, impregna con tu Luz vital cada célula de mi cuerpo, expulsando todos los males, pues éstos no forman parte de mi ser. En mi verdadera esencia, como hijo de Dios perfecto que soy, no existe la enfermedad; por eso, que se aparten de mí inmediatamente todo el mal, todas las bacterias, los microbios, virus y gérmenes nocivos, para que la perfección se exprese en mi cuerpo, que es el templo de la Divinidad.

»Padre, tu hijo Jesús dijo: "Pedid y recibiréis, porque todo aquel que pide, recibe"; por tanto, tengo la certeza absoluta de que mi plegaria para la curación ya es la curación misma. Para mí, ahora, sólo existe esta verdad: la curación total. Incluso si la imagen del mal permanece durante algún tiempo más en mi cuerpo, sólo existe en mí ahora la imagen mental de la curación y la verdad de mi salud perfecta.

»Toda la energía curadora que hay en mí actúa intensamente, como un ejército poderoso e irresistible, venciendo a los enemigos, fortaleciendo las posiciones debilitadas, reconstruyendo los lugares demolidos y regenerando todo mi cuerpo.

»Sé que el Poder de Dios actúa en mí y realiza el milagro maravilloso de la curación perfecta.

»Ésta es mi verdad mental; ésta es, por tanto, la verdad de mi cuerpo.

Te doy las gracias, con toda la alegría y con todas mis fuerzas interiores, porque tu voluntad de perfección y salud acontecieron en mí, en respuesta a mi petición.

Así es y así será. Amén».

Capítulo IX

La plegaria genera salud y belleza física

Cuando te envuelves en la dulce suavidad de la plegaria, y entras en comunión con el Infinito, tu cuerpo se relaja, tu corazón se ilumina y tu mente entra en un estado de esplendor transcendental.

Un día, leí esta afirmación de Masaharu Taniguchi: «No hay fisionomía más bella que la de quien está en comunión con Dios, a través de la oración. Cuando eso se repite varias veces, la piel y los músculos de la cara suelen modificarse e, incluso, cuando la persona no está rezando, expresará desde su interior una profunda belleza». (*Acendedor, Out/1969*).

En realidad, cuando consigues disipar la neblina negativa que te impide llegar a tu Padre interior, se convierte en comunión con Dios, y la Luz Divina te inunda, iluminando tu cara, de forma más evidente, extendiéndose después a todo el cuerpo.

He dicho que, en primer lugar, el efecto de la plegaria se manifiesta en el rostro, porque, como se sabe, el rostro es el espejo del alma. La luz interior se refleja en forma de aura que produce un halo maravilloso en torno de la cabeza de los místicos, de los santos, de las personas verdaderamente espirituales. El éxtasis es la propia comprobación de la interacción que se establece entre la mente, la cara y todo el cuerpo. He aquí por qué tienen razón los que interpretan la palabra *santidad* como originaria de sanidad, es decir, como salud. Salud y belleza. Belleza es la armonía entre corazón, mente y cuerpo.

Cuando hayas llegado al Padre interior, a través de la plegaria meditativa, cuando hayas conseguido sumergirte en la energía positiva divina, energía que se expande y forma los estados benéficos de alegría, paz, amor, felicidad, bienestar, bondad, armonía, serenidad, ternura, comprensión. Entonces, te iluminas, el aura se vuelve resplandeciente y todo tu ser irradiará una atracción agradable, dulce, simpática y bella.

Tu ojo es la lámpara de tu cuerpo

Los grandes maestros de todos los tiempos enseñaron la verdad de la interacción absoluta entre mente y cuerpo, entre el mundo interior y el exterior, «así como es afuera, es adentro».

Ya el famosos sabio, médico, filósofo y ocultista de la antigüedad egipcia, Hermes Trismegisto decía: «así como es arriba, es abajo, como es afuera es adentro, como es en lo pequeño es en lo grande».

Y el Maestro Jesús, hace dos mil años, también afirmaba: «Sea así en la Tierra, como en el Cielo». Para entender mejor el pensamiento de Jesús acerca de este tema veamos lo que él dice: «Lámpara de tu cuerpo son tus ojos. Si tu ojo fuere puro, todo tu cuerpo estará iluminado, mas, si fuere malo, también tu cuerpo estará en tinieblas». (Lc 11, 34)

El ojo al que se refería Jesús es la mente. Si fueran los órganos físicos, habría hablado de ojos. Se trata, pues, del ojo de la mente que, como explico en mi libro *Los poderes de Jesucristo*, se sitúa en la frente, casi entre las cejas; por eso, se llama el tercer ojo, o la tercera visión. Pues bien, si tu mente es pura, limpia, positiva, sencilla, iluminada, todo el cuerpo estará resplandeciente; pero, si tu mente está en tinieblas, en las tinieblas del negativismo y del mal, todo tu cuerpo estará en tinieblas.

El estado mental no sólo afecta a la mente, sino también al cuerpo. Es imposible que exista un mal mental cualquiera, ya sea tristeza, desánimo, miedo, amargura, que no afecte al cuerpo; así como no puede haber un bien mental cualquiera, como alegría, paz del espíritu, bondad, amor, que no afecte positivamente al cuerpo.

Pero, presta atención: si rezas mucho y, aun así, sigues con el rostro duro y el cuerpo cargado de enfermedades, procura deshacerte de los pensamientos negativos como el descreimiento en el poder de la oración, la creencia en la incurabilidad de la enfermedad, el odio camuflado, la rigidez, la envidia, la intolerancia, el complejo de culpa, los celos, los sentimientos de inferioridad, la mente vengativa, la crítica, la calumnia, la mezquindad, el complejo de víctima, las quejas, la persecución, la tristeza, la depresión, el desánimo, las tensiones, las preocupaciones, la desesperación, el no perdón, los dogmatismos, la insensibilidad, los insultos sufridos, la dureza interior, el sentimiento de impotencia, los fracasos y tantos otros estados negativos de la mente.

Plegaria es luz y la luz no convive con las tinieblas. Si existe la luz, no existirán las tinieblas. La plegaria es incompatible con el mal y con los estados negativos de la mente. Si la oración es comunión con Dios y, consecuentemente, incompatible con el mal y los estados negativos de la mente, sólo puede haber oración verdadera, si eliminas todo el mal de tu interior. Esto es lo que significa perdonar. Perdonar –enseñó Jesús– es desconectar el mal; es echar fuera de la mente todo estado negativo mental.

Si no te desconectas de la negatividad, se quedará bloqueada la vía de comunicación y de contacto con el Dios interior.

El perdón es la terapia más fabulosa conocida hasta el día de hoy. Es la enseñanza del Maestro Jesús.

Hace mucho tiempo di una charla en el Auditorio Guarapes do Centro de Convençôes de Olinda, en Receife. En la pausa, en medio de la conferencia, en que hablaba sobre la salud y la curación de los males, un médico se acercó a mí y me dijo: «Si el cuerpo no cura la enfermedad es porque el alma está enferma». Lo más bonito era que esta afirmación salió de boca de un médico.

El perdón establece el contacto con el Padre y cura las enfermedades

Una vez Jesús dijo: «Por tanto, si al tiempo de presentar tu ofrenda en el altar, allí te acuerdas de que tu hermano tiene alguna queja contra ti, deja allí mismo tu ofrenda delante del altar y ve primero a reconciliarte con tu hermano; y después vuelve a presentar tu ofrenda. Procura conciliarte con tu contrario mientras estás con él por el camino [...]». (Mt 5, 23-25).

Estar delante de altar es estar delante de Dios. Si estás peleado con alguien o llevas odio por dentro contra quien sea, tu plegaria no tiene sentido, porque está bloqueando la vía de acceso al Padre interior.

¿Qué hacer?

Muy sencillo: perdonar. Expulsa el mal de tu mente, tíralo. Pídete perdón a ti mismo, a los otros, a la humanidad y al universo. Pronto se habrán establecido el contacto y la comunión con tu Padre interior.

No hace falta salir a la calle para buscar la persona a la que ofendiste. Toda la humanidad es una sola unidad; por tanto, el otro está dentro de ti. Tu pensamiento y tu sentimiento de perdón dirigidos mentalmente al otro ya realizan el perdón en ese mismo instante. Reconciliarse es volverse hacia dentro y hacer las paces con tu hermano, que es parte de ti. A partir de ahora, ésta es tu verdad. Entonces, sí que tu plegaria llega a Dios y la Luz ilumina todo tu ser.

Antes que cualquier otra cosa, pues, perdónate a ti mismo, esto es, desconecta el mal que estás causando debido a tu tristeza, tu amargura, tu nerviosismo, tu desánimo, tu depresión, tu tensión, tu ansiedad y así sucesivamente. Al tirar afuera esos males, haz la plegaria de la alegría, de la paz, de la autoconfianza, del amor, de la fe, de la liberación, de la bondad, de la calma, del poder interior. Esta oración tendrá resultados, porque es oída y atendida por el Padre Celestial.

Ahora perdona a los otros, viendo en ellos el Dios que habita en el interior de cada uno. Así, tendrías más facilidad para hacer las paces con tu prójimo.

Pero ¿es necesario hacer todo ese ritual de perdón antes de la oración?

No lo es. De por sí, al rezar, no hace falta ni pedir perdón por tus pecados cometidos contra alguien, pues, la plegaria, considerada en su profundidad transcendental, ya contiene el perdón, la liberación, el estado de gracia y comunión con el Altísimo. Me refiero a la plegaria en su verdadera esencia, no a la plegaria que crees que estás haciendo.

Basta considerar la plegaria como el estado de comunión con Dios, con la humanidad y con el cosmos, para entender que no puedes contener en ti ningún tipo de mal, de negativismo o de sombra. Por tanto, la plegaria ya es el perdón.

Cuando rezas «Padre nuestro que estás en el cielo...», con estas palabras, al decir que Dios es Padre, que está en ti y en toda la humanidad, ya estás diciendo que tú, el Padre, la humanidad y el cosmos son una sola unidad. Ahora bien, si estás diciendo que todos somos una sola unidad de amor, esta afirmación ya contiene el perdón, pues el amor y la comunión no comportan el mal. Lógicamente, si no existe el mal mental, no existe la necesidad del ritual del perdón.

La verdadera plegaria, por tanto, establece siempre el contacto con el Padre, libera de los males y produce resultados benéficos para el alma y la salud.

Ésta es la plegaria de luz, que calma el cuerpo, libera las tensiones, oxigena la sangre, depura los órganos, embellece la cara y produce en la persona un estado de ligereza infinita.

Capítulo X

La oración oída

Con anterioridad he mencionado que existe un tipo de oración a través de la cual hablas con Dios y existe otro tipo a través del cual sólo escuchas a Dios. En el segundo caso, necesitas sumergirte en las profundidades de tu ser, llegar a ese lugar secreto del que hablaba Jesús y quedarte a la escucha de tu Voz interior.

Para alcanzar esas profundidades, debes calmar la mente, relajar todo el cuerpo, liberar las tensiones y dejarte llevar, a través de un hilo divino, hasta la Presencia Infinita.

El doctor Albert E. Cliffe lo definió así: «Déjate ir y deja que Dios venga a ti».

Mientras que permaneces en estado de agitación, no lo conseguirás.

Mientras que permaneces en un estado mental de culpa, no lo conseguirás.

Mientras que haya maldad en tu corazón, no lo conseguirás.

Para llegar al lugar secreto de tu ser, el camino debe estar desobstruido.

Si tu mente está agitada, perturbada, nerviosa, agresiva, resentida, deprimida, obsesionada, bajarás apenas un poco. Tu ritmo cerebral no llegará al nivel alfa.

Sin embargo, a través de la meditación pura, profunda, concentrada en el Infinito de tu ser, bajarás a un nivel mental muy interiorizado, al punto de dejar de oír los ruidos exteriores, porque estarás en exclusivo contacto con tu Divinidad interior.

Cuando llegues allí, quédate a la escucha. Dios te hablará.

Oirás la voz de la Sabiduría Infinita.

La comunicación no volverá a surgir a partir de la carga que hay en tu subconsciente; será la propia revelación de Dios.

La comunicación saldrá pura, sin prejuicios, sin tabúes, libre de esquemas grabados por condicionamientos, creencias o hábitos.

Dijo Jesús: «Pero llegará el tiempo, y ya estamos en él, en el que los verdaderos adoradores adorarán al Padre en espíritu y en verdad. Porque tales son los adoradores que el Padre busca». (Jn 4, 23). «Y conoceréis la verdad, y la verdad os hará libres». (Jn 8, 32).

Es entonces, cuando todo se cumple.

La voz interior

Jesús, el Maestro, enseñó: «Santifícalos en tu verdad: tu palabra es la verdad». (Jn 17, 17). Se refería a la palabra del Padre.

Escucha al Padre.

Oye las revelaciones y medita sobre ellas.

Puedes seguir esa voz, porque es la propia de Dios. En términos técnicos se llama también *intuición*.

Éste es el momento más divino de la criatura humana.

La voz que escuchas en ese nivel es verdadera, porque es la voz de la Sabiduría Infinita. No tendrás dudas de la verdad, porque se manifestará clara y puramente.

Y esta Verdad te volverá libre, como el pájaro en el cielo.

La voz de la conciencia no es la voz de la Sabiduría Infinita

Muchas veces habrás oído decir que debes seguir la voz de la conciencia.

Pero la voz de la conciencia no es, de por sí, la voz de la Verdad. Puede que lo sea o puede no serla.

Y lo más probable es que no lo sea, porque tu conciencia se compone de todo el bagaje de lo que has visto, oído y sentido a lo largo de los años.

Todo ese bagaje de conocimientos, de creencias, de aprendizajes y de enseñanzas constituye tu biblioteca interior, que es tu conciencia.

La voz de la conciencia es la revelación de tu verdad, verdad ésta construida en el transcurso de tu vida. De vez en cuando, te das cuenta de que el padrón de tu conciencia no es el mismo que el de la conciencia de un familiar, un vecino o de cualquier otra persona.

La conciencia de un aborigen de la selva amazónica, por ejemplo, no es la misma que la de una persona de la civilización occidental. La primera, que ha vivido desnuda, está actuando correctamente de acuerdo con el padrón de su conciencia, pero el occidental que fuera desnudo por la calle, estaría yendo en contra de las normas de su conciencia. Ambas personas están haciendo la misma cosa, sin embargo, una está actuando correctamente y la otra no.

La voz de la conciencia está ligada al lugar y al entorno social; por tanto, es particular.

La voz de la Sabiduría Infinita es universal, única para todo ser humano.

Tu conciencia es tu verdad, que puede o no estar de acuerdo con la Verdad.

La Sabiduría Infinita es la Verdad.

Cuando oyes la voz de la Sabiduría Infinita, puedes actuar sin miedo, porque estás oyendo la voz de Dios, que es el Bien, que es el Todo, que es la Felicidad.

Jesús era la Sabiduría Infinita

Cuando Jesús dijo que era el Camino, la Verdad y la Vida, estaba hablando con convicción y certeza interior, porque se consideraba en unión con el Espíritu Santo, el Espíritu Paráclito, el Espíritu de la Verdad y el Espíritu de la Sabiduría.

Estaba en comunión permanente con el Espíritu Santo, porque se mantenía en estado permanente de oración. Por eso, se sabía uno con el Padre y con el Espíritu de la Sabiduría.

Él conocía la Verdad en su totalidad.

No siempre consigues captar la Verdad total, leyendo sólo una u otra afirmación del Maestro, pues, de acuerdo con la situación y la necesidad del momento, él fue revelando lo que hacía falta en el momento. Y cuando se aísla una verdad de su contexto, está sujeta a equivocaciones. Es lo que pasa cuando tienes la impresión de que Jesús, en ocasiones diferentes, se contradecía.

Jesús era la Sabiduría Infinita, pero quien la predica puede estar predicando su propia verdad, que corresponde al bagaje de lo que aprendió a lo largo de su vida y no a la Verdad de Jesús.

Teniendo en cuenta eso, se entiende por qué existen tantas religiones diferentes que basan su verdad en la Verdad de Jesús. Todas ellas son honestas, sinceras, correctas consigo mismas, aunque piensen diferente y prediquen diferente. Pero, en los puntos en que alcanzan la Verdad Universal y Divina, ellas coinciden entre sí.

Procura tú, pues, además de oír todo lo que te enseña tu religión, entrar también en el lugar secreto de tu ser, para oír al Padre, a la Sabiduría Infinita. Y compara. Comprobarás que el agua pura es más limpia que el agua turbia.

«La verdad os hará libres», dijo Jesús.

Sabes que la maravilla de las maravillas es alcanzar el contacto directo con el Padre, hacerse uno con él y oír su Voz.

Para conseguir eso, es preciso realizar una caminata, que puede ser corta o larga. Es la caminata desde el mundo exterior hasta el mundo interior; desde el reino de los sentidos hasta el reino de los cielos; desde el valle de los pantanos hasta la montaña sagrada; desde las confusiones mentales hasta la pureza divina.

Tal vez podamos decir que no conectarás al ser humano con lo Divino, sino que conectarás lo divino del ser humano con lo Divino; así, el contacto será perfecto; y la Voz se hará oír dentro del ser humano.

Entonces, podrás decir: «Yo y el Padre somos uno; y la voz del Padre suena en mis oídos interiores».

Empieza el descenso

La voz interior es muy sutil, vibra en una frecuencia muy profunda, de forma que antes que nada, es necesario disponerse para descender. Escoge, si es posible, un ambiente adecuado que calme tu mente, los sentidos y relaje tu cuerpo.

Jesús, cuando quería entregarse a oraciones profundas y meditaciones, se retiraba a un monte, o iba a las orillas del mar de Galilea o buscaba el silencio nocturno del monte de los Olivos en Jerusalén.

Se sabe que los ruidos de la naturaleza son relajantes, producen un bienestar delicioso y predisponen a la persona a una maravillosa interacción con el universo. Es por eso que a todos nos gusta la naturaleza: las montañas, los lagos, los ríos, las florestas, las cataratas, los campos y las playas. Éstos son los lugares preferidos para las vacaciones, los pícnics y las excursiones. Uno tiene la sensación de renovar energías, respirando un aire diferente y más puro.

A mí siempre me ha fascinado la naturaleza. Durante la época del seminario, en Vale Veneto, un lugar bucólico del Río Grande del Sur, en cada paseo que hacía, mi preferencia era escalar montes. Volvía con la ropa rasgada, sucia, pero más feliz. En el tiempo de seminario mayor, en São João do Polésine, me gustaba sobremanera ir a bañarme en el río

Soturno, llegar hasta la gruta del Corvo, en el monte, caminar cerca de cincuenta kilómetros para visitar las grutas de Ivorá…

Una vez, con otros dos colegas, decidimos subir al pico de Marumbi, en la sierra del Mar, entre Curitiba y Paranaguá. Conseguimos escalarlo por la frente y alcanzamos el pico del Marumbi a la una y media. Fue un momento emocionante.

Ahora, me gusta mucho caminar por el Oasis, un parque que poseo, de setenta hectáreas, con lagos, riachuelos, cataratas y montes. Hay un bellísimo cañón, que ya he recorrido varias veces con amigos voluntarios y valientes. Es todo sumamente delicioso y agradable.

Pero, no hace falta que tengas un bosque al lado de tu casa para meditar. Sencillamente, busca un rincón silencioso, cómodo, tranquilo que te inspire un sutil estado de paz. Ayuda mucho poner una música suave. El olor del incienso también facilita la interiorización. Recuerda que, antiguamente, en las bendiciones solemnes y misas especiales, se ponía incienso en el altar y en el Santísimo; el olor místico y euforizante del incienso impregnaba toda la iglesia, inspirando un estado mental positivo en los creyentes.

No estoy diciendo que todo esto sea indispensable. Realmente, cualquier lugar se vuelve propicio para el que realmente desea rezar.

Por la noche, aún más si estás en contacto con las estrellas, es el momento más favorable. A Jesús, por lo que se sabe, le gustaba mucho orar durante la noche, en contacto cósmico con el universo. El silencio, el misterio y la mística de la noche elevan la mente al Infinito.

Durante el día, la penumbra hace el entorno propicio.

Una vez que esté listo el escenario y el ambiente, prepárate.

Adopta una postura cómoda.

¿Por qué cómoda?

Para que el cuerpo no se incomode y no estorbe la meditación.

El cuerpo es la casa donde tendrá lugar la oración, por eso es el primero en tener que prepararse.

Respira profundamente varias veces.

¿Por qué respirar?

Citaré a Rajneesh: «La respiración tiene raíces profundas en el ser. Puedes no haber observado eso, pero, si puedes cambiar tu respiración, podrás cambiar muchas cosas. Verás que, cuando te enfadas, tienes un ritmo particular de respiración. Cuando estás enamorado, es un ritmo totalmente distinto. Cuando estás relajado, respiras de manera diferente; y lo mismo acontece cuando estás tenso. No puedes respirar de la misma manera que cuando estás relajado y, al mismo tiempo, sentir cólera. Eso es imposible.

Cuando estás sexualmente excitado, tu respiración se modifica. Si aceptas esa modificación, tu entusiasmo sexual te abandonará automáticamente. Esto significa que la respiración está profundamente relacionada con tu estado mental. Si cambias tu respiración, podrás cambiar el estado de tu mente. O, si cambias el estado de tu mente, la respiración también cambiará.

Enseguida, Rajneesh ofrece su sugerencia: «Por eso, empiezo con la respiración y recomiendo diez minutos de respiración caótica en el primer estadio de la técnica. Por respiración caótica entiendo una respiración rápida y vigorosa, sin ritmo definido. Sólo respirar y relajar, inhalando y exhalando el aire, tan vigorosa, profunda e intensamente como puedas. Inhala y, enseguida, exhala». (*Qué es la meditación*).

La respiración oxigena la sangre y, por eso, clarifica más el cerebro, además de preparar mejor el cuerpo.

Ahora empieza a relajar el cuerpo.

Concentra tu atención en cada parte de tu cuerpo y piensa que estás relajando los nervios, los músculos y los ligamientos de esa parte del cuerpo. Recorre todo el cuerpo desde arriba hasta abajo o al revés.

Haz este ritual preferiblemente con los ojos cerrados.

Tu cuerpo va entrando en un reposo profundo.

Pasa a relajar la mente, volviéndola tranquila, calmada, liberada.

Perdona tus males, tus tristezas, tus fracasos, tus depresiones, tus iras, tus agitaciones, tus angustias tus inquietudes, tus aborrecimientos, tus tensiones, tus emociones negativas, tus sufrimientos...

Perdonar significa mandar la mente afuera, desconectarla, liberarse mentalmente de sus obsesiones.

Deja tu mente pura, serena, suave, libre, preparada. Perdona también a tu corazón por todos sus males, errores y sufrimientos.

Ahora empiezas a sumergirte.

Mientras que estás en la superficie, tu mente se balanceará sobre ondas agitadas que impiden la concentración y la oración milagrosa.

Sumérgete más y más.

Concéntrate en un mantra o jaculatoria o en una frase que te diga mucho. Por ejemplo: «Yo soy hijo de Dios perfecto.»; «Yo soy amor.»; Yo soy la morada de Dios.»; «Reino de los cielos»; «La vida es amor»; «Dios y yo somos uno»; Dios es el Poder Infinito que se manifiesta en mí»; «Dios está en mí, por eso la perfección habita en mi ser»; «Salud a la Divinidad de mi ser»…

El mantra o la jaculatoria generan una vibración superior y vuelven tu mente atenta.

En la medida en que te sumerges en las profundidades interiores, tu mente se vuelve más lúcida, más concentrada, más atenta y más tranquila…

Sumérgete.

En este estado, suceden alteraciones fisiológicas y el cuerpo procesa su autocuración.

Estás llegando al centro de tu ser, que es el centro de la energía, de la inteligencia, de la creatividad y de la felicidad. Es el cielo. La pureza. La luz. El Padre. Dios.

Escucha a Dios.

«Guarda silencio y sabe que Yo soy Dios».

En este lugar está la verdad.

Y la verdad te liberará.

Andersen escribió: «El oído interior, sintonizado en Dios, oye cosas extraordinarias».

La escucha

Søren Kierkegaard dijo una vez: «Al principio, cuando empecé a rezar, solía hablar mucho con Dios. Luego, poco a poco, entendí la tontería que estaba cometiendo. Estaba hablando –¿cómo hablar puede ser orar?–. La oración sólo puede ser una profunda escucha, no una charla. Es necesario estar en silencio para que Dios pueda ser oído. Has de estar muy silencioso para que la palabra silenciosa de Dios pueda penetrarte. En este silencio, se revela lo Divino».

Diana Robinson escribió en *The People's Almanac*: «Cuando rezas, estás hablando con Dios; cuando meditas, estás escuchando a Dios». (Selecciones, Noviembre/1987).

Después de plantear tu problema y pedir una solución a Dios, lo que te queda es escuchar.

Si quieres oír a Dios, tienes que dejar de hablar: «[...] y tu Padre, que ve en lo secreto, te recompensará». (Mt 6, 5).

Los resultados de la meditación profunda

La escritora Catherine Ponder cuenta en uno de sus libros: «Si, después de un día agotador, me retiro a mi habitación alrededor de la hora de cenar y medito por media hora, me vuelvo a sentir animada y lista para trabajar o hacer otra cosa por la noche. Una vez, alguien dijo que la oración "alimenta". Puedo afirmar que la meditación me alimenta emocionalmente con una sensación de armonía, de inspiración y de paz; que la meditación me alimenta intelectualmente con nuevas ideas y que, muchas veces, hace surgir en mi mente algo que necesito saber sobre determinada situación; la meditación me alimenta físicamente con una sensación de regeneración de mi cuerpo, con una nueva energía y un bienestar, acabando con todo el cansancio y toda la tensión». (*The dynamic laws of prayer*).

Con esas palabras, Catherine ha dicho casi todo.

La meditación, realmente, elimina los miedos, la cargas aflictivas; calma el nerviosismo, el temor, la tristeza y vacuna contra la hipersensibilidad a las irritaciones del día a día.

Entras en un estado de paz y experimentas una profunda alegría de vivir.

Vives, por así de decirlo, un renacimiento, un despertar a la vida.

En la meditación, estás guiado divinamente en lo que debes hacer.

Te sientes reanimado, con confianza en ti mismo, sereno y feliz.

Tu cuerpo ha recuperado la energía, ha procedido a la autocuración, ha descansado maravillosamente y ha conseguido un profundo alivio de las presiones, proporcionándote una sensación agradable de bienestar.

Esto significa que, mientras que la mente se vuelve más lúcida y alerta, el cuerpo entra en reposo más profundo.

Puedes hacer que todo sea mucho más sencillo y fácil

Está claro que no hace falta recorrer todo ese camino para hacer tu oración o meditación.

Quería hacer este largo recorrido porque es el camino más sencillo, fácil y seguro, a través del cual llegas al Padre, o entras en contacto con las fuerzas curadoras inmanentes a las profundidades de tu ser.

En esta caminata, se dejan atrás aquellas barreras que, muchas veces, en una plegaria rápida, no se consiguen superar.

Este tipo de oración es muy importante, principalmente para quien sufre de alguna enfermedad grave o, incluso, considerada incurable por los médicos.

Tu oración o meditación de la curación, hecha a un nivel tan profundo, será pura, poderosa, fuerte, unívoca y llena de fe.

En esta sección de tu mente, la imagen de la plena salud del hígado, del riñón o de la sangre, será una imagen matriz, definitiva, que, sin duda, sensibilizará a tu subconsciente y a cada uno de estos órganos.

Es el gran camino natural y sobrenatural de la curación.

Y nada resistirá a esta orden procedente del Altísimo.

Y sucede el éxtasis

Cuenta el evangelio: «Sucedió, pues, que, cerca de ocho días después de dichas estas palabras, tomó consigo a Pedro a Santiago y a Juan y subió a un monte a orar. Y mientras estaba orando la apariencia de su rostro se hizo otra, y su vestido se volvió blanco y refulgente. Y viéronse de repente dos personajes que conversaban con él, los cuales eran Moisés y Elías. Que aparecieron en forma gloriosa, y hablaban de la muerte de él, que iba a cumplir en Jerusalén. Pero Pedro y sus compañeros se hallaban cargados de sueño. Y, despertando, vieron la gloria de Jesús y a los dos personajes que le acompañaban. Y así que éstos iban a despedirse de él, díjole Pedro: "Maestro, bueno es que estemos aquí; hagamos tres enramadas; una para ti; otra para Moisés y otra para Elías"; no sabiendo lo que decía».(Lucas 9, 28-35)

Se encontraba en tal éxtasis que ni se acordaba de sí y, como relata el evangelio, «no sabía lo que decía»..

He aquí un momento de verdadero éxtasis.

En el éxtasis más elevado tiene lugar una transformación, es decir, la mente y el cuerpo se iluminan, el aura irradia, llegando a resplandecer hasta la ropa. La cara presenta también una irradiación singular.

El éxtasis es, por así decirlo, la felicidad de alto voltaje.

Es el estado interior del reino de los cielos.

Es la visión del místico.

Rajneesh dijo: «Profundiza en el amor y llegarás a la oración. Sumérgete en la oración y estallarás en la unicidad. Esta unicidad es total, esta unicidad es un deleite, esta unicidad es el éxtasis».

No hace falta buscar el éxtasis. Ella es la oración del amor de la forma más intensa. En esa intensidad, explota la luz y te sientes envuelto en esa luz que te conduce a alturas inimaginables. Cuando vuelves, no encuentras palabras para describirlo.

Acuérdate siempre de que «el reino de los cielos está dentro de vosotros». Esta afirmación es del Maestro.

—Feliz aquel que participa en el banquete divino –exclamó aquel hombre en medio de la multitud.

El reino de los cielos es el gran banquete místico interior, en la presencia del Rey, a lo largo de la fiesta de la vida.

Y es por eso que la vida es una fiesta.

Capítulo XI

La oración como Jesús la enseñó

Jesús hizo muchas oraciones. Muchas veces, pasaba las noches orando y meditando. Pero, un día, enseñó una oración.

Sobre todo, enseñó cómo hay que orar. Y empezó diciendo que no sirve de nada rezar para exhibir el rezo; para mostrar que eres religioso; que eres mejor que los otros; para que te admiren y respeten.

Rezar por ese motivo es la ignorancia total.

Dijo él: «Asimismo, cuando oráis, no habéis de ser como los hipócritas, que de propósito se ponen a orar de pie en las sinagogas y en las esquinas de las calles, para ser vistos de los hombres: en verdad os digo que ya recibieron su recompensa».

Semejante oración no sería más que una puesta en escena. Nada más que eso. Rezar con esta finalidad es pura pérdida de tiempo.

Prosigue el Maestro: « En la oración, procurad no hablar mucho, como hacen los gentiles; que se imaginan que por su palabrería habrán de ser oídos». (Mt 6, 7).

El Maestro tiene razón, ya que el resultado de la oración no depende de largos discursos, ni de argumentaciones elocuentes o largas horas de sacrificio.

«[…] que bien sabe vuestro Padre lo que habéis de menester antes de pedírselo», continúa Jesús.

El resultado de la oración sólo depende de la fe. Si tienes fe como un granito de mostaza, basta con una palabra.

A continuación, Jesús habla sobre la actitud correcta para la plegaria: «Tú, al contrario, cuando hubieres de orar, entra en tu aposento y, cerrada la puerta, ora en secreto a tu Padre, que ve en lo secreto, y te recompensará». (Mt 6, 6).

Cuando rezas, entra en un lugar silencioso y propicio, o entra en ti mismo, en tu secreto, en tu templo interior.

«Cerrada la puerta» quiere decir que facilita la oración, la meditación, el contacto con el mundo interior, y evita ruidos exteriores e interiores.

«Y ora a tu Padre en lo secreto».

Dirige tu oración al Padre, es decir, al Dios que habita en tu interior.

«En lo secreto».

En el silencio de tu interior. Sumergiéndote en las profundidades de tu ser. En las regiones ocultas de la mente interior.

«Padre nuestro que estás en los cielos»

Ahora que has entrado en contacto con el Padre, Jesús nos enseña la oración que hay que hacer, es decir, lo que hay que decirle al Padre.

«Ved, pues, cómo habéis de orar: Padre nuestro que estás en los cielos».

Empiezas por invocar a Dios, al Poder Infinito, a la Presencia Infinita, al Yo Superior, al Creador y al Padre. Dios es tu Padre, entonces, dirígete a él como un hijo.

Desde luego, sabes con quien estás hablando: con tu Padre. Y tu Padre habita en el cielo de tu mente, es decir, en tu realidad más elevada, más divina y más suprema. Por eso, él es el Padre Celestial. Para llegar a tu Padre interior es preciso alcanzar las regiones celestiales de ti mismo, las regiones más profundas, o más elevadas, más puras, más positivas y más iluminadas.

Santificado sea tu nombre

Debes saber que estás tratando con el Ser más santo, más perfecto, más poderoso, más sabio, más iluminado, más elevado. El Altísimo. Es tu Padre, pero es Dios.

Cuando las cosas no van bien en tu vida, es absurdo echarle la culpa a Dios. Sí, porque eres tú quien crea tus problemas y no Dios.

El Padre es la solución, la recompensa, el cumplimiento de aquello que pides.

Tu pensamiento y tus creencias son tu primera oración. Si tu mente es negativa, pesimista, maléfica, el mal sucede por tu cuenta y no por orden divina.

Dirígete al Padre, al Bien, hacia la casa paterna y todo te llegará de forma multiplicada.

Pero, tú tienes la libre elección, incluso la de ser un hijo pródigo. Sin embargo, si ahora mismo vuelves a casa, donde vive tu Padre, serás recibido con amor y se hará una fiesta en el seno del Padre.

Venga a nosotros tu reino

El reino de Dios existe. Es el Bien. Es el mundo positivo y saludable. Es el reino de los cielos y de la felicidad. Es el banquete celestial. Es la fiesta interior.

En ese reino es donde debes vivir.

Si estás lejos de este reino, pide –como nos enseñó Jesús– para que el Padre te lleve a este maravilloso reino celestial.

Sobre todo a ti, que te estás cayendo a la cuneta; que vas por el mal camino de los sufrimientos, las depresiones, las drogas, las enfermedades, los fracasos, el odio: pide con fe para que el Padre te conduzca por fin a su reino hermoso, encantador y feliz; que es el estado mental celestial.

Hágase tu voluntad

Esta petición no significa que sueltes las riendas y te dejes llevar por los imprevistos de la vida. Pedir que se haga la voluntad del Padre es vaciarte de tus ideas, objetivos, aspiraciones y encomendarte a Dios.

Lo que se pide en esta afirmación es que la voluntad del Padre –que es la perfección– se haga en ti. Dicho de otro modo, pides que el Padre haga que se cumplan en ti aquellos deseos grandiosos que él tuvo al crearte.

Al hacer esta afirmación estás pidiendo al Padre volver a ser saludable, feliz, perfecto, amable, calmo, misericordioso, bondadoso, generoso, fuerte, positivo, poderoso, rico, seguro de ti mismo, inteligente, sabio, útil, creativo, ingenioso, productivo, paciente, libre, desapegado, pacífico y dueño del universo.

Así en la tierra

Con toda modestia y la confianza de un hijo, pides que el mundo maravilloso, benéfico, sano y positivo del Padre, se manifieste en tu cuerpo, que es tierra, que es polvo, como dice la Biblia, igual que en el planeta Tierra donde todos los hijos de Dios viven.

Como en el cielo

Sí, es necesario que la voluntad benéfica y positiva del Padre se manifieste plenamente también en tu cielo interior, en tu mente consciente y subconsciente, en tu espíritu, en fin, en tu alma.

Existe la voluntad del Padre, manifestándose en tu mente, cuando tu mente está en el reino de los cielos, en un estado de felicidad y de amor.

Mientras que estás triste, deprimido, negativo, pesimista, decaído, desesperado, no se está manifestando en ti la voluntad del Padre.

Haz esta oración del padrenuestro, pidiendo, con fe, que la voluntad del Padre, que es la alegría, la felicidad, el cielo, la salud, el éxito, el progreso, la luz, se manifieste en tu mente.

El pan nuestro de cada día dánoslo hoy

El pan es el símbolo de alimento en general, necesario para el ser humano, ya que el pan siempre ha sido, desde los albores de la humanidad, el alimento básico e indispensable.

Pan quiere decir «el conjunto de alimentos necesarios». Por tanto, pasa hambre el que no reza al Padre; o quien reza, pero no sabe lo que está diciendo; o quien reza, pero no cree en lo que está diciendo.

Hoy reza: «El pan nuestro de cada día dánoslo hoy».

Mañana reza: «El pan nuestro de cada día dánoslo hoy».

Como el Padre siempre nos escucha, nunca pasarás hambre. Es imposible que un verdadero cristiano –el que haga esta oración al Padre– pase hambre.

Si estás sufriendo privaciones es porque no haces la oración del padrenuestro con fe.

Si, en vez de enseñar al pueblo a rebelarse contra los que tienen una mesa abundante, todos los predicadores enseñaran al pueblo a rezar el padrenuestro con fe, se lograría alimentar a la humanidad con mucha más facilidad y sin odio.

Pero, además de significar alimento, el significado de *pan* abarca todos los bienes materiales: casa, cama, ropa, medicamentos, coche, dinero, nevera, cocina, televisión, yugo, tractor, camión, pala, azada, máquinas profesionales, y así sucesivamente.

Con esta afirmación, Jesús nos enseña a pedir los bienes materiales.

Perdónanos nuestras deudas

La *deuda* es lo que tienes que pagar y lo que tienes que pagar es el resultado de tus pensamientos, creencias, palabras y actos negativos y nefastos.

La cirrosis del alcohólico es la deuda asumida por él; es el resultado negativo.

La depresión del deprimido es la deuda asumida por haber alimentado pensamientos y sentimientos de depresión.

Tristeza, odio, depresión, estrés, enfermedad, sufrimiento, desesperación, falta de ánimo, amarguras, ansiedades, angustias, tormentos, hipocondría, neurosis, psicosis, aflicciones, nerviosismo, y tantas otras consecuencias son las deudas que la persona estás pagando por culpa de una actitud o un proceso mental negativo.

En términos esotéricos, es el karma, es decir, la consecuencia, el resultado, el fruto.

Puesto que la deuda ya se está pagando en esta vida –de ahí, esta afirmación en el padrenuestro–, creo que es correcto decir que todo acto se paga a sí mismo. El odio tiene como resultado el odio; la alegría tiene como resultado la alegría; el pedir tiene como consecuencia el recibir; el mal se manifiesta a través de enfermedades o en forma de cualquier otra cosa negativa; la oración o el pensamiento de pobreza crean la pobreza, y así sucesivamente.

Así como nosotros perdonamos a nuestros deudores

Está claro que no estamos pidiendo a Dios que sea tan bueno y generoso como nosotros. Lo que estamos pidiendo es que Dios perdone nuestras deudas, como nosotros estamos dispuestos ahora a perdonar a nuestros deudores. Sería pura maldad e hipocresía pedir a Dios que perdone tus deudas si tú no estás dispuesto a perdonar a tus enemigos y deudores.

¿Cómo quieres que la justicia divina perdone tus injusticias, si tú no perdonas las que otros han cometido en tu contra?

Es como aquella historia que Jesús cuenta: «El reino de los cielos viene a ser semejante a un rey que quiso tomar cuentas a sus criados. Y, habiendo empezado a tomarlas, le fue presentado uno que le debía mil talentos.

»Y, como éste no tuviese con qué pagar, mandó su señor que fuesen vendidos él, y su mujer y sus hijos, con toda su hacienda, y se pagase así la deuda.

»Entonces, el criado, arrojándose a sus pies, le rogaba diciendo: "Ten paciencia conmigo, y yo te lo pagaré todo". Movido el señor a compasión de aquel criado, lo dio por libre, y le perdonó la deuda. Mas, apenas salió este criado de su presencia, encontró a uno de sus compañeros, que le debía cien denarios; y, agarrándole por la garganta le ahogaba, diciéndole: "Paga lo que me debes"!. El compañero, arrojándose a sus pies, le rogaba diciendo: "Ten un poco de paciencia conmigo, que yo te lo pagaré todo".

»Él, empero, no quiso, sino que fue a hacer que lo encarcelaran hasta que le pagase lo que le debía. Al ver los otros criados, sus compañeros, lo que pasaba, se contristaron en extremo, y fueron a contar a su señor todo lo sucedido.

»Entonces, le llamó su señor, y le dijo: "¡Oh criado inicuo!, yo te perdoné toda la deuda porque me lo suplicaste. ¿No era, pues, justo que tú también tuvieses compasión de tu compañero, como la tuve de ti?" E, irritado, el señor lo entregó a los verdugos hasta tanto que satisficiera toda la deuda. Así, de esta manera se portará mi Padre Celestial con vosotros, si cada uno no perdonare de corazón a su hermano». (Mt 18, 23-34).

Pide tú también perdón por todas las deudas de tu vida y limpia tu mente y tu corazón de toda la maldad para con los demás. ¿Sirve de algo pedir que el Padre perdone los resultados de tu odio, si sigues albergando odio hacia otras personas?

Limpia tu mente de tus males y, al mismo tiempo, libérate de los males de los otros.

Recuerda que sólo tú puedes crear tu felicidad y riqueza y sólo tú puedes crear tu infelicidad y pobreza. Mantén, por tanto, la mente pura y positiva en relación con todos los demás.

Y no nos dejes caer en la tentación

Tentación es la insinuación mental para cometer algún mal. Como nadie desea el mal para sí, la tentación es ignorancia. Por ejemplo, si ves una persona que te perjudicó, tal vez sientas la tentación de hablar mal de esa persona. Como todo el mal que se piensa, habla, desea o hace a alguien, recae sobre la propia persona y, según la ley del retorno, vuelve multiplicado, es pura ignorancia hablar mal de alguien.

Si tienes un coche para vender, puede que sientas la tentación de enumerar cualidades que el coche no tiene para aumentar su valor; como el camino de la riqueza es mental, estás entrando por el lado equivocado.

Como todo pensamiento busca la propia materialización, al ceder a la tentación de seguir hablando de tus desgracias y enfermedades, no haces más que reforzarlas, y nadie desea que su estado de salud empeore.

La tentación –por definición– es siempre para mal, de ahí la necesidad de resistir los pensamientos y deseos maléficos, porque, además de no suponer ninguna ventaja, traen, esto sí, perjuicios.

Hay quien dice que es el demonio es quien lo tienta. No hace falta apelar a entidades malignas. ¿Para qué recurrir a explicaciones sobrenaturales cuando se puede explicar naturalmente?

Jesús dijo, en otra ocasión: «Vigilad y orad para no caer en tentación».

Mucha gente se siente inclinada a pensar mal, no por ser criaturas naturalmente malas, sino por el hábito. Cuanto más repites ciertos pensamientos e imágenes, más se graban en tu subconsciente, pasando a formar parte de tu realidad. Es sólo cuestión de hábito y de inclinación hacia el mal.

Si, a partir de hoy, persistes en pensar, hablar, desear y hacer sólo lo que es benéfico y positivo, esto se convertirá en un hábito, el subconsciente reaccionará de ese modo, y tu vida se volverá naturalmente positiva.

Realmente, es mucho más fácil pensar el bien que el mal porque, en tu verdadera identidad y realidad, eres hijo de Dios y todo hijo de Dios es bueno por naturaleza.

No hay necesidad de predicar contra el mal, pero sí a favor del Bien, porque es la verdad del ser humano.

De ahora en adelante –como Dios es la respuesta de tu oración– tendrás siempre pensamientos positivos y benéficos, porque el Padre está defendiéndote de las tentaciones maléficas.

Mas líbranos del mal

Se trata del mal en todas sus dimensiones: accidentes, fracasos, desgracias, pensamientos negativos, depresiones, egoísmo, prepotencia, desánimo, tristeza, desesperación, neurosis, nerviosismo, enfermedad, ansiedad, miedos, traumas, complejos, angustias, sufrimientos, inseguridad, timidez, problemas, preocupaciones y tantos otros males.

Ahora que has invocado al Padre para que te libere de todo mal, así es y así será.

Recuerda una vez más aquella afirmación de la Biblia: «Al invocarme, os oiré y atenderé».

Al hacer esa afirmación del padrenuestro, ten la seguridad de que te has puesto bajo la protección divina.

Camina alegre y despreocupadamente, porque la mano divina te conducirá por los caminos de la bendición.

«Amén». Así es y así será. Gracias al Poder Celestial.

Capítulo XII

Las preguntas de cada día

En todos los seminarios sobre el Poder de la Mente que imparto por el mundo dedico siempre algunos minutos de cada sesión a las preguntas de los participantes.

Cuando decidí escribir un libro sobre la oración, María Odete empezó a catalogar las preguntas más frecuentes, las cuales comentaré a continuación.

¿Qué es oración?

Es la manera en la cual el ser humano entra en contacto con su Creador, esto es, con el Padre que habita en el secreto, tal como enseñó Jesús.

El único camino de llegar a Dios es a través de la mente. La acción de la mente consciente se expresa por medio del pensamiento, la palabra, la idea, la imagen, el deseo, la emoción, el canto, el gesto, el ritual, la meditación, la contemplación, el éxtasis y cualquier otra forma creativa de la mente consciente.

La oración directa es la que se hace con la mente conscientemente conectada con Dios. Por ejemplo, la oración del padrenuestro.

Oración indirecta es todo pensamiento, de cualquier índole, pues el pensamiento —se sepa o no— es la forma de contacto con el Poder Infinito, inmanente a la criatura humana.

Escribió James Allen: «la ley rige y gobierna todo, desde el pensamiento, la palabra o el acto más trivial hasta los agrupamientos de los cuerpos celestes». Esto quiere decir que la manera en la que Dios rige a la criatura humana es a través de leyes; por tanto, es ésta también la manera de entrar en contacto con Dios, que se manifiesta a través de sus leyes.

La religión cree que toda oración hecha con fe es infalible.

La ciencia del Poder de la Mente enseña que todo pensamiento en el que se cree es infalible.

Ésos son los caminos que conducen a Dios y a través de los cuales él se manifiesta.

Siempre me gusta citar a Richard Bach, que empieza su libro *El don de volar*, precisamente con esta frase: «"Es mejor tener cuidado con lo que pides en tus oraciones", dijo una vez alguien, "porque acabará por cumplirse"».

Incluso si tu oración está en contra de ti, se acaba por cumplir. Si, por ejemplo, rezas así: «Señor, mándame muchas enfermedades, para que yo pueda sufrir por tu amor», acabarás poniéndote enfermo, no porque Dios te lo haya mandado por amor —lo que sería un sinsentido insano— sino porque toda oración, de cualquier clase, hecha con fe, se hace realidad.

Para ver que Dios actúa en ti, te haré una comparación: si bebes agua —seas santo o pecador— se sacia tu sed; si tomas veneno —seas santo o pecador— te hará mal y puede hasta causar tu muerte.

Pues bien, si haces la oración de la salud, tendrás salud; si haces la oración de la enfermedad, tendrás enfermedad.

Dios rige el universo material y humano a través de leyes. Depende de ti usar correctamente las Leyes Divinas.

Tal vez podamos decir que la ignorancia es la causa de todos los males.

Mi oración no fue atendida. ¿Por qué?

Porque no has aplicado correctamente las premisas que hacen que la oración sea infalible. Acuérdate de que toda oración hecha con fe se vuelve realidad.

De forma infalible. Hoy o mañana, sucede obligatoriamente. Cuando la oración no es atendida, no es porque falle Dios, es el ser humano quien lo hace.

Imagínate el sol brillando intensamente en tu ciudad y calentando el ambiente. Si quieres que el sol ilumine y caliente tu casa, pero dejas toda la casa cerrada, seguirá siendo oscura y fría. Será por tu culpa y no por culpa del sol.

Existe un dicho: Si el murciélago no ve el sol no es por culpa del sol.

Supón que quieres añadir una lámpara más en tu casa, que ya estará iluminada. Una vez puestos los cables, la llave, la toma de luz y el interruptor, la luz aún no se enciende. ¿Dirás que no hay electricidad o buscarás el fallo en tu instalación?

Así es también con Dios. Él es siempre la respuesta infalible a toda petición hecha con fe.

La oración que no obtiene respuesta tiene un cable desconectado. La desconexión es consecuencia de la duda, la descreencia, el miedo, la ignorancia o el odio.

¿Cuándo surge la duda?

Por ejemplo, ocurre cuando, por ejemplo, estando muy nervioso, haces la oración de la calma para ver si Dios te atiende. Así, piensas que Dios puede o no atenderte. Y supones que puede que te tranquilices o puede ser que sigas nervioso.

Estás dudando de si esa oración te servirá. Entonces, no obtendrás el resultado deseado, pues hay conflicto entre tu deseo y la capacidad de alcanzarlo.

Jesús afirmó, en su Sabiduría Infinita, que es preciso «no tener dudas en el corazón» para que la oración sea infalible.

Cuando elevas una oración para la curación de tu cáncer y piensas así: «Yo deseo curarme del cáncer, pero creo que no tiene mucha perspectiva, ya que los médicos me han desengañado», estás haciendo dos oraciones opuestas.

Pon tu deseo y la duda en una balanza para ver cuál de los dos pesa más.

La oración legítima cree firmemente en la realización de la palabra. Por tanto, no admite dudas. La duda le quita toda la fuerza.

Cuando dudas, estás siempre preguntando: ¿Me atenderá Dios? ¿Lo conseguiré? ¿Acertaré? ¿Y si no pasa nada? Pero ¿cómo puede pasar eso, si no hay manera? ¿Habrá curación posible? ¿Será posible?

Acuérdate de la enseñanza categórica del Maestro: «Todo es posible para el que cree».

Y Jesús pone el dedo en la herida de tanta gente, declarando: «Si tuviereis fe como un granito de mostaza, podríais decir a ese monte: "Trasládate de aquí a allá", y se trasladará, y nada os será imposible». (Mt 17, 20).

Todos los males desaparecerán —cualquiera que sea su tamaño y gravedad—, si no hay duda en tu corazón al hacer tu plegaria.

¿Y cuándo no crees?

Jesús enseñó que, si no crees firmemente en la realización de tu palabra, no moverás las montañas y no sucederá el milagro.

El creer no admite ningún pensamiento contrario.

Si haces la oración de la casa propia y no crees en la posibilidad de tener casa propia, olvídate, ya que nada sucederá.

«Hágase conforme a tu fe», dijo Jesús.

Si crees que tu enfermedad no tiene curación, así es.

«Hágase conforme tu fe».

Observa que Jesús no dijo que se haga conforme la religión o conforme el tamaño de la oración o conforme los sacrificios que hagas.

«Hágase conforme crees.»

Sí, porque la fe es una ley infalible.

¿Por qué el miedo anula el efecto de la oración?

Sencillamente, porque el miedo es un pensamiento negativo muy cargado de emoción con respecto a algo que no sucedió, pero que crees que sucederá. Ahora bien, todo pensamiento fuerte y emotivo se realiza.

Es por eso que los maestros dicen que los pensamientos son cosas que se expresan en el universo.

Tener miedo es como desear que tu coche fuera hacia delante cuando has puesto la marcha atrás.

Dijo Jesús: «¿Por qué teméis, gente de poca fe?».

¿Conoces aquel episodio de la vida de Jesús en el que, muy de noche, algunos discípulos atravesaron el mar de Galilea, en barco, cuando el Maestro apareció caminando sobre las aguas?

Para los discípulos, aquello era increíble, tanto que primero pensaron que era una fantasma.

Cuando descubrieron que era Jesús, Pedro se quedó tan arrebatado que pidió que a él también le hiciera andar sobre el agua hasta donde estaba el Maestro.

—Ven— dijo Jesús.

Sin vacilar, Pedro saltó del barco y –¡qué maravilla!– empezó a caminar sobre las aguas.

Los compañeros se quedaron boquiabiertos.

¡Fantástico!

Y Pedro siguió andando encima del agua.

De repente, se levantó una ola más grande, que le mojó los pies; vio las aguas revueltas, se asustó y empezó a hundirse, pidiéndole socorro a Jesús.

—¿Por qué dudaste, hombre de poca fe? –reprendió Jesús.

Mientras Pedro seguía con la idea fija en el Maestro, creyendo en la palabra de Jesús, caminó sobre las aguas.

En el momento en que tuvo miedo, desconectó instantáneamente el cable de la fe y su masa corpórea se volvió más pesada que el agua. Se hundió.

El fenómeno de caminar sobre las aguas, acometido por un determinado tipo de pensamiento y, luego, el fenómeno de hundirse al cambiar de pensamiento, por cierto, merecería muchos estudios científicos en adelante.

¿Y la ignorancia?

Debido a la ignorancia, la persona no sabe ni de dónde viene el poder, ni cómo usarlo.

Es como aquel hombre que quería atravesar un tronco en un día de inundación y tenía miedo de caerse.

Pensó: «y ahora, ¿cómo hago? Si rezo a Dios, viene el diablo y me arroja al agua; si rezo al diablo, Dios me arrojará».

Resolvió satisfacer a los dos. Atravesó el tronco, rezando lo siguiente: «Dios es bueno, pero el diablo no es malo… Dios es bueno, pero el diablo no es malo…».

Cuando había atravesado el tronco, intentó complacerse también a sí mismo, diciendo: «¡Esto es una tontería; he atravesado el tronco gracias a mi propio valor y no gracias a Dios o al diablo!».

El ignorante enciende una vela para Dios y otra para el diablo. Es decir, no conoce las leyes que hacen que una oración sea infalible.

Cuando reza y no consigue nada, se conforma diciendo: «Qué le vamos a hacer… ¡Así es la vida!».

¿Sirve rezar por otra persona?

Enseña la ciencia del Poder de la Mente que todos los seres humanos son una sola unidad a nivel subconsciente; por tanto, a ese nivel se tiene acceso al conocimiento colectivo, se sabe lo que todas las personas saben y no se puede dejar de saber. Así se explica la capacidad de clarividencia, telepatía y transmisión de pensamiento.

Se sabe, también, que el pensamiento es el vehículo por el cual se lleva un mensaje al subconsciente.

Ahora, si todos están conectados entre sí a nivel subconsciente, llegamos a la conclusión de que sus pensamientos dirigidos a una persona serán recibidos por esta persona, en el mismo instante, esté donde esté.

La religión también divulga esta verdad, enseñando que toda oración dirigida a una persona es recibida por ella, ayudándola.

Catherine Ponder escribió: «La plegaria es el método de pensamiento que conecta a Dios y el hombre». Siendo así, en la oración dirigida a una persona, acontece la trinidad en la unidad: el que ora, Dios y la persona por la que se ora, los tres se unen en la oración.

¿La oración siempre surte efecto en la otra persona?

Orar por otro es ayudarlo, no es dominarlo.

La plegaria sensibilizará a la mente de la persona, de modo que le lleguen energías benéficas.

Pero, el resultado depende de la persona por la que se reza. Si no hay receptividad, no surte efecto.

Incluso si no hay receptividad, evidentemente hay que seguir rezando, pues ese puede ser el camino para crear una receptividad.

¿Sirve de algo rezar por una persona muy negativa y descreída?

Claro que sí.

Si te quedas todo el santo día diciéndole a alguien que es negativo y descreído, estás reforzando este estado mental negativo. Estás infundiendo en la mente de esta persona cada vez más esta realidad. Siempre con la restricción de que los resultados dependen de la receptividad de la persona con la que se habla.

Pero si, al contrario, dices que esa persona es positiva, alegre, saludable, segura de sí misma, llena de fe y feliz, le estás sugiriendo aceptar esas verdades, que acaban por hacerse realidad en su vida.

Si, por otro lado, te quedas pensando o rezando para que la persona sea positiva, alegre, saludable, segura de sí misma, llena de fe y feliz, le estás infundiendo esas verdades en el subconsciente de la persona, facilitando su determinación interior para que así sea.

Por eso, Jesús enseñó que oráramos sin cesar.

Santa Mónica oró durante 18 años por la conversión de su hijo. Agustín, su hijo, finalmente se convirtió y se hizo obispo, escritor, filósofo, teólogo, doctor y santo de la Iglesia Católica Apostólica de Roma.

¿Hay que rezar por quien no lo pidió?

Toda oración por una persona es un contacto con Dios para pedir algo en beneficio de esa persona.

Está claro que es algo maravilloso rezar para el beneficio de alguien, incluso si la persona no lo solicitó.

Pero, acuérdate siempre de que tu oración debe enfocar los bienes universales que, por eso mismo, los desea cualquier persona, también aquella por la cual estás rezando.

¿Cuáles son los bienes universales? Por ejemplo: la salud, la paz, el amor, la felicidad, la bondad, la calma, la alegría, la tolerancia, la paciencia, el pensamiento positivo, la fe, la fuerza interior, la abundancia, el éxito, la armonía, la inteligencia, la memoria, la sabiduría, la lucidez, el discernimiento, la energía física, la fuerza mental, el poder espiritual, la fuerza de voluntad, la decisión correcta en la elección de pareja, el amor conyugal, la unión familiar, la reconciliación, la profesión acertada, la carrera ideal y así sucesivamente.

Cuando hay conflicto entre lo que estás rezando y lo que la persona quiere, formula tu plegaria de manera que lo dejes todo en manos de Dios.

Supongamos que tu marido desea mudarse a otra ciudad y tú quieres quedarte en donde estáis. Entonces, reza para que la Sabiduría Infinita (o Dios o el Padre o el Espíritu Santo) os conduzca a los dos a la decisión correcta.

La Biblia dice que, cuando se invoca a Dios, él escucha y atiende.

Si no quieres que tu hija se case con ese chaval del que está enamorada, lo justo es rezar para que Dios, que habita en el interior de tu hija, la guíe para que se case con su verdadero amor. Así, no estarás imponiendo tu gusto, sino pidiendo que la Sabiduría Infinita, que sabe cuál es el verdadero amor de tu hija, la lleve al matrimonio acertado.

Si tu marido tiene un negocio que no va bien y deseas que lo cierre, mientras que él desea continuar, ¿cómo rezarás?

Tu marido puede que tenga razón en querer continuar, con la esperanza de que el negocio mejore; sin embargo, tú deseas que él cierre pensando que cuanto más tiempo esté funcionando, mayores serán las pérdidas.

Y, entonces, ¿cómo rezar?

¿Quién tiene razón?

Nada más acertado que invocar la Sabiduría Infinita para que os oriente en la decisión, si debéis cerrar o persistir y cómo continuar, si fuera necesario.

La respuesta vendrá. De forma muy clara y persuasiva. Basta tener oídos para oír y ojos para ver.

«Me invocará y y yo le escucharé». (Sal 90).

¿Por qué unos lo consiguen y otros tardan tanto?

Todo depende del tamaño y de la fuerza de la fe.

Jesús afirmó que la fe mueve montañas.

Ante esa verdad, unos sostienen que la montaña se mueve en ese mismo instante, igual que fue en un mismo instante que se apartaron las aguas del mar Rojo para que el pueblo de Israel pudiera atravesarlo con los pies secos; igual que fue en un mismo instante que Moisés hizo brotar agua de la roca, para saciar la sed del pueblo elegido; igual que Jesús calmó la tempestad del lago de Genesaret en un mismo instante; otros entienden que la montaña se moverá de forma más gradual, a través de tractores, palas, cargadoras, etc.

Aquélla es la fe sobrenatural; ésta es la fe natural.

Sin embargo, hay que decir que la fe, siendo fe, siempre surte efectos. Es decir, la fe nunca falla.

Puede darse hoy o mañana, por medios naturales o milagrosos, pero siempre da resultados.

¿Cuánto tiempo tarda una oración en ser atendida?

Esta pregunta también se engloba en lo dicho anteriormente.

Recuerda que Dios no falla ni llega tarde.

Para el que creó el universo entero y a todos los seres, lo que estás pidiendo no es más que un grano de arena. Por tanto, la respuesta divina es siempre inmediata, aunque aparezca en la medida en que abres el grifo. Si tu fe abre sólo media vuelta del grifo, la energía divina fluirá de acuerdo con la capacidad receptiva de esa media vuelta.

Es una comparación simple, para facilitar la comprensión.

La respuesta te llegará en la hora exacta. Dios nunca se retrasa.

Con esto basta.

Nunca pido nada a Dios; Él lo sabe todo. ¿Es correcto actuar así?

Las cosas suceden de acuerdo con las leyes que rigen el universo y el ser humano.

Y la ley, enseñada por Jesús, dice que el recibir depende del pedir.

«Pedid y recibiréis»

Al pedir, se recibe.

Dios, que está en ti, sólo puede actuar en ti a través de ti; por tanto, respondiendo, atendiendo y oyendo.

Esto no significa que seas más que Dios. Pensar así es ignorancia.

La manera en la que Dios actúa sobre las criaturas –vuelvo a repetir– es a través de leyes. Cuando aplicas correctamente las premisas de una ley, la respuesta divina llega.

Es por eso que las leyes mentales y las espirituales son tan exactas como lo son las leyes físicas, ya que todas ellas tienen el mismo origen.

Está claro que Dios todo lo sabe. Tú sabes una parte, pero Dios lo sabe todo.

Sin embargo, la manera en que él actúa en las criaturas humanas —a las cuales dio el maravilloso don de la libre elección— es por medio de la respuesta. En consecuencia, nadie tiene el derecho de quejarse de Dios, si las cosas no le salen bien. Porque no es Dios quien va adelante. Si estuviera él al frente, estaría tirando de ti y tú no serías más que un robot de Dios, un muñeco movido por los hilos divinos.

Eres tú quien pide; Dios responde. Es la ley.

Puedes, sin embargo, pedir a Dios —Sabiduría Infinita y Poder Infinito— para que siempre te conduzca por el mejor camino y te proteja divinamente. Esto ya es una petición. Hacer una oración en la que pasas a Dios la iniciativa de guiarte por los caminos de la vida ya es una petición que, por supuesto, será atendida.

Por otro lado, es bueno recordar que todo pensamiento creado por la mente ya es pedir, ya es un comando de acción.

Dios actúa en ti a través de tus pensamientos, tanto si tienen forma de oración, como de visualización, de deseos o de imágenes.

Puede que te esté sucediendo lo mismo que una vez me pasó a mí.

A una señora que tenía un hijito de pocos meses de edad, le sugerí que, a partir de ese momento, infundiera en la mente del bebé mensajes positivos, afirmaciones de psicológicamente benéficas...

Ella me interrumpió, diciendo que no pensaba actuar así. Dejaría que su hijo creciera libremente y que, más tarde, tomara sus propias decisiones en la vida.

—Si eso es posible, pruébalo –le dije.

Educar el hijo es cuestión de optar: o la madre o los otros. No hay otra opción.

Incluso si la madre no le enseñara nada, el niño estaría recibiendo todos los días millares de mensajes procedentes de la propia madre, del padre, de los hermanos, de los vecinos, de las visitas, de la radio, de la calle y de tantas otras fuentes.

Al transmitir mensajes positivos y benéficos al niño, la madre no estaría haciendo otra cosa que ser inteligente y cumplir su legítima misión, a diferencia de dejarla en manos de a otros.

Lo que quiero transmitir con este ejemplo es que puede que creas que no pides nada a Dios, sin considerar que el inmenso caudal de tus pensamientos a cada hora es equivalente a una petición, aunque a menudo indeseada, fuera de tu control, negativa y perjudicial. Pues, entonces, simplifica todo y declara mentalmente las cualidades, los dones, los ideales, las necesidades que quieres que se realicen en tu vida.

Toma las riendas de tus pensamientos en vez de seguir la corriente a otras mentes.

¿Cuántas peticiones se deben hacer en cada oración?

El que más pide, más recibe.

A quien poco pide, poco se le dará.

Cada vez que haces oraciones públicas, en común, con el pueblo o con la comunidad, examina el contenido de esas preces y comprueba si corresponden a tus deseos.

Cuidado con lo que pides en tus oraciones, porque acabarás por conseguirlo.

Sólo haz oraciones que te sean benéficas y positivas.

Abstente de oraciones que contengan lágrimas, tristezas, sufrimientos, amarguras, dificultades, enfermedades, a no ser que sea para liberarte de esos estados negativos. Pero aún así, es preferible sustituir esas palabras, haciendo la plegaria de la sonrisa, de la alegría, de la paz, de la armonía, de la solución y de la salud.

Respondiendo a la pregunta, incluye en tu oración todo tu mundo interior y exterior deseado. No hace falta que realices una petición cada vez. No es necesario esperar hasta que se cumpla esta petición para poder concentrarse en otras.

Dios es la fuente infinita. Cuanto mayor sea el mundo interior contenido en tus preces, tanto más grandiosa y perfecta será tu vida. Procura incluir en tu oración todas las dimensiones del mundo de tus deseos e ideales. Así crecerás más rápidamente.

Dijo Jesús: «Pedid y recibiréis, para que vuestro gozo sea cumplido». (Jn 16, 24).

En otra ocasión, el Maestro dijo: «Por tanto, os aseguro que todas cuantas cosas pidiereis en la oración, tened fe de conseguirlas, y se os concederán». (Mc 11, 24).

¿Has leído bien? «Todas cuantas cosas pidiereis en la oración».

«Todas cuantas cosas» quiere decir todo.

No dejes para mañana lo que puedes pedir hoy.

Si aplazas tu felicidad para mañana, hoy serás infeliz.

¿Lo que pido para mí no les faltará a otros?

No pienses que el reino de Dios es el depósito de la Cobal.

Dios es la Fuente Infinita.

El tesoro divino es inagotable.

Todos pueden pedir todo al mismo tiempo y todo será dado.

Esta afirmación puede resultar incomprensible para tu mente consciente, racional y analítica; sin embargo, esta minúscula parcela de la mente es demasiado pequeña para abarcar las dimensiones insondables del infinito. La mente consciente no representa ni siquiera más del 20 por ciento de la totalidad de la mente, según se ha demostrado. Por tanto, tu raciocinio no alcanza la dimensión total de tu mente.

Todo lo que un ser humano pide, lo tendrá, independientemente de si otros también pidieron o no.

Quien mucho pide, mucho recibe.

Quien poco pide, poco recibe. Recibes poco, no porque los otros pidieron mucho, sino porque tú pediste poco.

Dios, que nos dio el poder de desear y pedir, antes de eso ya creó la realización de los deseos y peticiones; en caso contrario, sería absurda la ley del pedid y recibiréis. ¿Cómo recibirás, si aquello que estás pidiendo no existe o ya le fue entregado a otro?

No es así.

Comprende al fin que la Fuente es infinita.

¿De dónde saco valor para pedir tanto para mí,
cuando hay tanta gente necesitada?

No por dejar de pedir, los otros dejarán de pasar necesidades.

Si, para solidarizarse con los que pasan necesidades, pasas también necesidades, ¿en qué mejora el mundo?

En nada.

Por el contrario, ahora el mundo se volvería peor aún, porque uno más, que eres tú, estaría sufriendo.

Un día di una charla sobre la felicidad. Cuando terminé, saltaron luego unas personas, indagándome abruptamente:

—¿Cómo puedo ser feliz, viendo a tanta gente infeliz en las favelas?

—Y, siendo infeliz –repliqué–, ¿crees que mejorarás la situación de los infelices? Al contrario, serán dos ciegos cayendo en el abismo. Sólo siendo feliz podrás volver felices a los demás.

Una vez planteado eso, les expliqué que la pobreza no tenía nada que ver con la infelicidad. Conozco a mucha gente de las favelas que es feliz. Y conozco a muchos ricos que son infelices; y viceversa.

¿Hay que decir en la oración:
«Si es la voluntad de Dios»?

Depende del tipo de oración que estés haciendo.

Todo el Bien universal, en el todo o en la parte, es por la voluntad de Dios. Por ejemplo, la alegría, la paz, el amor, la felicidad, la salud, la abundancia, la fe, la armonía, la inteligencia, la paciencia, la tolerancia, la comprensión, la fraternidad, la solidaridad, la lucidez, el discernimiento, la energía física, mental, espiritual; el positivismo, la creatividad, el progreso, las invenciones benéficas y así sucesivamente.

Si estás deprimido, no cabe pedir la liberación de la depresión, si fuera la voluntad de Dios. Claro que es la voluntad de Dios, pues depresión es desarmonía. La curación de la enfermedad es también, lógicamente, la voluntad de Dios, pues toda enfermedad es un mal. Hay cuestiones y situaciones indefinidas en las que puedes invocar la Sabiduría y el Poder Divinos para que te traigan la solución. Entonces, puedes pedir que se manifieste la voluntad de Dios.

Si fuera la voluntad de Dios significa «si es bueno para mí».

Realmente, todos los dones y cosas del universo están dentro de ti, esperando la posibilidad de manifestarse. Por ejemplo, cuando oras a Dios pidiendo amor, ¿dónde está el amor que tú deseas? ¿En algún lugar del mundo? ¿En el cielo? ¿En el espacio infinito?

El amor, en su origen infinito, está dentro de ti. Dios es amor y Dios está en ti. El amor que estás pidiendo no entrará en ti por ninguna parte de tu cuerpo o de tu mente. Ya existe en ti. Podríamos compararlo con el depósito de agua de tu casa. El depósito de agua está lleno, pero tu fregadero está vacío, porque tu grifo está cerrado. Al abrir el grifo –ésta es la oración– el agua sale en proporción a la apertura al grifo. También el amor infinito, que ya existe en ti, brotará para ti según la fuerza y la intensidad de tu plegaria.

El lector y Dios son una unidad infinita y perfecta, de tal forma que la voluntad del Padre es también, en esencia, tu voluntad; y tu voluntad –tu verdadera voluntad– es, sin duda, la voluntad del Padre. Tu voluntad, entonces, significa el Bien, porque tu verdadera voluntad, como hijo de Dios, inseparable de Dios, imagen de Dios, sólo puede ser el Bien.

Por tanto, al ser inseparable de Dios, tu deseo es el deseo de Dios; el Bien que tú pides, ya es el Bien que emana de Dios hacia ti, automáticamente.

Acuérdate, entonces, de que Dios es el Bien infinito y absoluto, pero que sólo saldrá en el momento en que abres el grifo de tu mente a través de la plegaria, de la visualización y de la petición.

Dios es el agua y no el grifo. Tú eres el grifo. Si no abres el grifo, el agua divina, inmanente a ti, no podrá salir.

Jesús ya enseñaba esta verdad de modo mucho más sencillo, cuando decía: «Pedid y recibiréis todas cuantas cosas pidiereis en la oración». Aquí ves que pedir y recibir son el verso y el reverso de la misma realidad, o bien de la misma unidad. Esto es tan cierto, que Jesús no tuvo duda en concluir que todo aquel que pide recibe, del mismo modo que el agua fluye para todo aquel que abre el grifo.

¿Cuándo no sale el agua?

Cuando cierras el grifo.

¿Quién cierra el grifo?

Es la duda, la descreencia, el miedo, el desánimo, el negativismo, el pesimismo, la desesperación, la falta de fe, el odio, la ignorancia o el error.

¿Por qué hay que orar?

Antes de continuar, debes reconocer que Dios no necesita tu oración. Tu oración no aumenta la gloria divina. Dios es el todo en el todo. No existe un milímetro de vacío en Dios que necesite ser rellenado por ti.

Tú oras porque necesitas orar y no porque Dios necesite tu oración.

Tu oración es un acto de amor de Dios, tal como sientes ese amor intacto y profundo por tu padre y por tu madre. Sabiendo que Dios es tu Padre y creador y creador de ese mundo maravilloso, que te dio como herencia, es imposible no abrir tu corazón para manifestarle tu amor. Eso es orar.

Debes saber que Dios todo lo tiene y todo lo da; entonces, dirígete a él para hacer tu petición. Eso es orar.

Sabiendo que Dios es la Fuente de energía y fuerza, cuando estás débil, buscarás la energía que necesitas. Eso es orar.

Él es la paz, el amor, la felicidad, la alegría, la armonía, la bondad, el sosiego, la sabiduría y el conocimiento de todo y, para alcanzar esos dones, pídeselos al Padre. Eso es orar.

Sabes que Dios es tu Padre y que lo sabe todo sobre todo y todos, tal como conoce el presente, el pasado y el futuro; y lo buscas para recibir orientación sobre cómo actuar en las decisiones relativas al presente y al futuro de tu vida. Eso es orar.

Sabes que Dios es la eternidad; entonces, pídele que te conduzca por los caminos de una eternidad de felicidad. Eso es orar.

Como el Padre siempre cumple todos tus deseos y atiende todas tus peticiones, tú lo recibirás todo. Al alcanzarlo, eres feliz y tu felicidad es una alabanza a Dios, de agradecimiento y elogio. Eso es orar.

Dios se manifiesta en ti en forma de una respuesta a tu plegaria. Por eso debes orar.

Acuérdate pues, de que Dios es amor, por tanto, no necesitas implorar.

Dios es inteligente. ¿Puedes, acaso informarlo sobre algo que no sabe?

Dios es justo. ¿Necesitas acaso pedirle que sea más justo?

Dios es tu Padre y creador. ¿Hace falta que se lo recuerdes?

Entonces, di simplemente lo que quieres decir en tu oración, con la certeza de que así es y así será. Amén.

¿Tiene sentido orar para que llueva?

El apóstol Santiago cuenta en una de sus cartas: «Elías era un hombre sujeto a pasiones semejantes a las nuestras, y pidió que no lloviese sobre la tierra, y no llovió por espacio de tres años y seis meses. Hizo de nuevo oración; y el cielo dio lluvia, y la tierra produjo su fruto». (Stg 5, 17-18).

Hace unos años, cuando yo era estudiante de teología, al participar en procesiones para pedir lluvia, algunas personas me criticaron, diciendo que esto no tenía sentido, ya que la lluvia y la sequía eran fenómenos naturales. Llovía cuando el tiempo se había preparado para eso. Había sequía cuando la situación climática no ofrecía las condiciones para que lloviese. La naturaleza obedecía a sus propias leyes. Eso es lo que pensaba yo.

Hoy pienso de otro modo.

Creyendo que existe un Poder Infinito en el ser humano, debo reconocer la verdad de que el hijo de Dios puede hacer llover y puede hacer que la lluvia pare.

No se trata de contrariar las leyes de Dios que rigen el universo, pero sí de hacer que se apliquen las premisas necesarias para que las leyes se manifiesten. Elías, por ejemplo, no hizo llover sin agua. Lo absurdo sería eso y no el hecho de crear condiciones, por una fuerza superior, para que llueva de forma natural.

Lee la Biblia y verás que Josué hizo que se mantuviera la luz del día hasta que hubiera tomado la ciudad de Jericó.

Moisés hizo brotar agua de una roca.

Jesús afirmó: «Tened confianza en Dios. En verdad os digo que cualquiera que dijere a este monte: "Quítate de ahí, y échate al mar", no vacilando en su corazón, sino creyendo que cuanto dijere se ha de hacer, así se hará. Por tanto, os aseguro que todas cuantas cosas pidiereis en la oración, tened fe de conseguirlas, y se os concederán». (Mc 11, 24.

Jesús mostró la veracidad de lo que enseñaba, al calmar la tempestad del mar de Galilea, al multiplicar los panes y al caminar sobre las aguas.

Dijo, en otra ocasión: «A los que creyeren, acompañarás estos milagros [...] y si algo venenoso bebieren, no les dañará [...]». (Mc 16, 16-18).

He aquí el dominio sobre la materia.

Una vez se hizo un peregrinaje al santuario de la Medianeira, en Santa María, para pedir lluvia, pues la sequía estaba causando enormes perjuicios a los campos y hacía que faltara agua en la ciudad. Un hermano mío participó en la procesión con el paraguas en la mano: puesto que la finalidad era pedir lluvia, tomó precauciones. Pues, fue el único que pudo usar un paraguas, una vez que, aún antes de terminar la oración pública, cayó una fuerte lluvia sobre la ciudad.

Al visitar el convento de la Penha, en Vila Velha, Espíritu Santo, vi un gran panel que representaba una procesión, corriendo, buscando refugio de una fuerte lluvia. La leyenda hablaba de una gran sequía en la región y de cómo los cristianos hicieron una procesión para pedir lluvia. Llovió durante el acto religioso.

Dijo Jesús: «Cualquiera que dijere a este monte: "Quítate de ahí, y échate al mar", no vacilando en su corazón, sino creyendo que cuanto dijere se ha de hacer, así se hará».

De estas palabras del Maestro, podemos deducir lo siguiente: «Cualquiera que dijere a esta nube: "Ven aquí y echa tu agua sobre nosotros", así se hará.»

¿Da resultado rezar para que las plagas desaparezcan de los campos de cultivo?

Dijo Jesús: «Os aseguro que todas cuantas cosas pidiereis en la oración, tened fe de conseguirlas, y se os concederán».

El hombre es hijo de Dios, por tanto, es el dueño del universo, el rey de la creación. Siendo así, tiene el dominio sobre los seres existentes. Todas las criaturas de Dios existen en la Tierra para cumplir una finalidad benéfica. Si, en algún lugar, en determinada situación, animales o insectos están perjudicando el justo orden necesario y convirtiéndose en una plaga, corresponde al ser humano hacerse cargo de la situación.

¿Cómo comunicarte con los lagartos, los saltamontes y los otros bichos dañinos?

A través de la oración, del pensamiento y de la visualización.

Habla en tu oración de tu amor por todas las criaturas de Dios. Imagínate, incluso, estando en reunión amistosa con todos las lagartos del campo, por ejemplo, y diles que son seres queridos, creados por Dios, aunque estén perjudicando el cultivo, el cual es fruto de mucho trabajo y sacrificio y que, por tanto, deben retirarse con urgencia de ese lugar e irse a otro, donde no estropeen la plantación de nadie. Piensa a dónde vas a mandar esos bichos y diles, con fe y firmeza, pero con amor, que deben retirarse de inmediato. Da las gracias. Así será.

Dice la Biblia que Dios creó al hombre para que presidiera la obra de la creación y dominara en toda la Tierra. Usa tus derechos y poderes, poniendo orden y armonía donde esos maravillosos seres inferiores están causando problemas.

Un día, me llegó el testimonio de una señora que escribió lo siguiente:

«En el último encuentro, tú dijiste que habías ahuyentado, no recuerdo bien qué animales, que te estaban causando males y molestias. En esta ocasión, invadió mi comedor y mi cocina un hormiguero, a cuyas hormigas nada, ningún remedio, conseguía ahuyentar. Entonces, hablé con ellas: "Ya me habéis hecho cansarme mucho; ya estoy perdiendo la paciencia con vosotras. ¿Qué tal, hormiguitas, si os marcharais ahora? Oíd, aquí cerca existe un tejado bien grande donde podéis pasear libremente y encontrar más espacio. ¿Qué tal si os mudáis allá o buscáis otro lugar mejor para vivir? ¡Hasta luego, os podéis ir, gracias por la compañía que me habéis hecho durante tanto tiempo, venga, hormiguitas!"

No hace falta que diga que, como mucho, en dos semanas, las hormiguitas desaparecieron por completo».

Éste fue el testimonio. Fíjate en la sencillez de la oración de aquella mujer.

¿Sirve de algo hacer promesas?

Son muchas las personas que hacen promesas para conseguir algo.

Prometen a Dios, a la Virgen María, o a algún santo, hacer, por ejemplo, un peregrinaje hasta el santuario de la Aparecida, rezar cincuenta rosarios, tomar cincuenta comuniones, dejar de beber cerveza durante tantos días, dejar de cortarse el cabello, dejar de comer dulce o andar a pie hasta una determinada iglesia, sólo si consiguen la gracia solicitada.

Hay millones de tipos de promesas, no sólo las que acabo de citar.

¿Tiene valor una promesa?

Si haces una promesa para conmover a Dios, para hacer que se compadezca o para convencerlo, a fin de que se cumpla tu deseo, estás perdiendo tiempo.

La promesa no tiene nada que ver con Dios, sino sólo contigo.

¿Cuándo es atendida tu oración? ¿Cuándo es atendida tu petición?

Si sabes la respuesta a esta pregunta, sabrás también qué sentido tiene la promesa.

Dios rige el universo de los seres y de las personas a través de leyes. Y existe la ley de la oración, expresada en esta enseñanza del Maestro: «Todas cuantas cosas pidiereis en la oración, tened fe de conseguirlas, y se os concederán».

En estas palabras de Jesús, queda claro que la ley de la oración es la ley de la fe. Todo lo que pides y crees acontecerá. Es así como Dios se manifiesta.

Si aplicas correctamente las premisas de la ley de la oración, el resultado no se hará esperar.

Si Dios atendiera la oración por causa de la promesa, esto significaría que el resultado de la oración dependería del sacrificio, de la penitencia, del esfuerzo, del sufrimiento. Jesús nunca enseñó eso. También hay que descartar la idea de que Dios sea un sádico que se complace con el sacrificio, con las privaciones y con los sufrimientos.

Jesús simplemente decía: «Todas cuantas cosas pidiereis en la oración, tened fe de conseguirlas, y se os concederán».

—Entonces –preguntarás–, ¿no hay que hacer promesas? Poco a poco, no te adelantes.

Toda promesa tiene un valor y una utilidad, si consigue activar tu fe.

Dado que es la fe la que produce milagros, si tu promesa refuerza tu fe, tu oración será atendida, no por causa del sacrificio realizado o prometido, sino gracias a la fe.

Ahora comprendes que la promesa sólo tiene que ver contigo y no con Dios.

Veamos lo que pasa a nivel psicológico con quien hace promesas. Supongamos que prometes dejar de comer dulces hasta conseguir la gracia deseada: Cada vez que veas un dulce, se despierta en tu mente la gracia que buscas, las ganas de conseguirla y la creencia de que la conseguirás, porque te estás privando de un manjar por amor a Dios.

Sea por el camino que sea, cierto o equivocado, la fe, al ser fe, siempre surte efecto.

Si prometes realizar un sacrificio, por ejemplo, un peregrinaje al santuario de la Aparecida, y recibes la gracia, esto activará tu fe. Cada vez que te acuerdes de la promesa, pensarás en su obtención y, cada vez que pienses en la obtención de la gracia, pensarás en la promesa. Siempre habrá un refuerzo mental en dirección a la fe.

Teniendo en cuenta eso, la promesa, en sí misma, no tiene valor porque no es el sacrificio el que produce el milagro, sino la fe. Pero, será benéfica para ti, si consigue activar tu fe en conseguir la gracia solicitada.

Si hay fe en una sola palabra, aun cuando rezas en la cama, el milagro se produce; si no hay fe en cinco mil sacrificios, dos cientos rosarios, veinte kilómetros recorridos a pie hasta la iglesia, el milagro no sucederá.

Por tanto, si crees que la promesa que estás haciendo refuerza tu fe, entonces tiene valor, porque te está ayudando a aplicar correctamente las premisas de la ley de la oración. Vuelve a preguntar:

—¿Y si después de conseguir la gracia, me resultara muy difícil cumplir la promesa, o incluso imposible?

En primer lugar, conviene resaltar que si hiciste una promesa y conseguiste la gracia, es bueno cumplirla, pues, al contrario, podrías sentir un complejo de culpa. Podrá quedarte la sensación de haber engañado a Dios.

—Pero ¿y si fuera muy difícil de cumplir? –volverás a indagar.

Cualquier promesa puede cambiarse por otra.

Si, por ejemplo, prometiste ir al santuario de Fátima, en Portugal, y ahora, no puedes porque no tienes dinero para eso y tienes hijos pequeños que cuidar, pide a un sacerdote o un pastor de tu Iglesia que te cambie esa obligación por otra más simple y fácil de cumplir. Puedes sustituirla, por ejemplo, por la lectura del Nuevo Testamento entero, o por una simple donación a los pobres estilo algo similar.

Capítulo XIII

Oraciones

Muchas personas no saben cómo orar, es decir, no saben qué decir en su oración.

Si, en una charla, pido al público que haga la oración de la riqueza o de la curación, algunos me esperan después en la salida, para que les escriba una oración específica.

La mejor oración es aquella que brota de los labios y nace en el corazón de la persona que reza.

Sin embargo, para ayudarte a expresar en la oración lo que quieres y necesitas decir, ofreceré aquí algunos modelos.

Sírvete de estas oraciones, siempre que ellas tengan algo en común contigo y con el motivo de tu oración.

Oración para tu jornada laboral

Éste será el mejor día. Estoy alegre, despierto y en perfecto estado de salud física y mental.

Dios está en mí, me ama, me conduce con seguridad y éxito por los caminos de este día, Estoy protegido divinamente.

A partir de ahora, sólo alimentaré pensamientos de energía, de valentía, de colaboración y de creatividad.

Sé que, dentro de mí, hay un Poder Infinito, que me protege y me empuja hacia la autorrealización y hacia la prosperidad.

Estoy en paz e irradio paz y amor hacia todas las personas, principalmente hacia los compañeros de trabajo. Trato a todos con respeto, amistad, paciencia y tolerancia. Actúo con los demás como quiero que actúen conmigo. Me olvido del pasado y de los malentendidos. Ahora todos nos llevamos bien y veo solamente el lado bueno de cada persona.

Los saludo a todos, respondo con alegría a los saludos recibidos y considero que les gusto a todos, sin excepción; estoy siempre optimista, dispuesto a ayudar en el trabajo de los otros; tengo espíritu de colaboración.

Atiendo a todo el mundo con respeto y calma, del mismo modo que deseo que me atiendan a mí.

Éste es un día muy feliz y lleno de éxito. Así es y así será.

Plegaria de protección contra el mal que los demás te desean

Me envuelvo ahora en un círculo luminoso de protección divina. Ningún mal puede penetrar este círculo divino alrededor de mí.

Dios está conmigo; por eso, Dios y yo somos la fuerza más poderosa del mundo, contra la cual nada y nadie puede.

Estoy tranquilo, confiado, seguro de mí, despreocupado y libre.

La Luz Infinita ilumina mis pasos y sólo pasaré por caminos bendecidos, divinos y maravillosos.

Así es y así será.

Oración para tener éxito en la vida

Ahora, elevo mi mente a los altos ideales de mi vida. Deseo crecer cada día más en riquezas espirituales, mentales y materiales.

La Inteligencia Infinita guía mis pasos y decisiones, de tal manera que tengo la seguridad de que, con cada día que pasa, mi éxito es cada vez más grande.

Gracias al Poder Infinito, que siempre me atiende, mis deseos de salud, amor paz, concordia, riqueza, éxito y felicidad están realizándose plenamente. Así es y así será.

Para la liberación de los traumas

Sé que tengo un Poder Infinito dentro de mí, cuya fuerza deshace los traumas del pasado; y sé que hay una Sabiduría Infinita en mi subconsciente, que transforma la sombra en luz. Estoy libre del pasado.

Empiezo, aquí y ahora, una nueva vida, con la mente pura; por eso, nunca revuelvo en el pasado, pues el pasado no existe. Yo soy lo que soy ahora, y ahora mi mente está libre, pura, iluminada, positiva y saludable. Ésta es mi verdad. Ahora soy así y así seré siempre. Amén.

Para vencer la depresión

Borro ahora mismo todos los males que me afligen. Nunca más volveré a remover el pasado.

Alzo mi espíritu a Dios, donde sólo hay luz, alegría y felicidad; me encuentro, en este momento, ante mi realidad legítima como hijo de Dios perfecto, saludable y lleno de vida y de energía. Soy fuerte, vigoroso, radiante y positivo. Ahora me siento maravillosamente bien. Gracias a Dios, estoy libre y muy feliz. Me siento lleno de energía. He recuperado las fuerzas y ya quiero andar, salir, pasear, visitar a amigos, trabajar, estudiar, leer, practicar deporte y seguir adelante por los caminos espléndidos de mi vida. Ahora soy otra persona. Amén.

Para la alegría de vivir

Alegría, alegría. La vida es una fiesta. Me deshago de toda la tristeza y decepción. La vida empieza ahora y ahora estoy muy bien, radiante como un hermoso día soleado.

La vida es el don más bello de Dios. Por eso, estoy disfrutando con plena vitalidad y esplendor.

Cada paso es un movimiento de alegría; cada palabra es una palabra de alegría; cada gesto es un gesto de alegría; cada pensamiento es un pensamiento de alegría. Siento la vida a mi favor. Amo esta vida, que, con cada día que pasa, está volviéndose mejor. Viva la vida. La vida es una fiesta para mí. Amén.

Para vencer las preocupaciones

Sé que hay en mí un Poder Infinito, que todo lo alcanza; y sé que hay en mí una Sabiduría Infinita, que conoce todas las soluciones.

Invoco la Sabiduría Infinita para encontrar las soluciones que deseo y para que me guíe, a partir de ahora, por ese camino de luz; e invoco el Poder Infinito para que cumpla todos mis deseos y siempre atienda mis necesidades. Ya se fueron las preocupaciones. Eran excesivas y las expulsé. Ahora sólo existe paz en mí, autoconfianza, seguridad de que todo en mi vida está yendo en perfecto orden. Disfruto de la alegre expectativa de que el Poder Infinito y la Sabiduría Infinita cuidarán de todo. Sigo la orientación y dejo de preocuparme totalmente, porque así es y así será. Amén.

Para dormir sin pastillas

Sé que Dios hizo la noche silenciosa, agradable, profunda, armoniosa y tranquila a fin de darme todas las condiciones para dormir tranquilamente en un sueño saludable y benéfico.

Ahora relajo todo mi cuerpo, descanso mi mente, tranquilizo mi corazón, y duermo, duermo profundamente.

Quiero dormir y sé que este sueño, que me está invadiendo, hace que se cierren mis ojos y ya me está conduciendo a un sueño profundo y reparador.

Mis oídos ya están cerrados a todo ruido interior y exterior; mi mente está aliviada y lista para dormir.

Tengo sueño, mucho sueño. Mis ojos se cierran para imbuirme un sueño irresistible.

Estoy tranquilo, cansado, tengo sueño, mucho sueño.

Siento la mano suave del Padre Celestial sobre mi cara, cerrando mis párpados. La Presencia Divina me protege durante este sueño. Por eso, duermo tranquilo y mañana me despertaré lleno de energía, lleno de vida y con la seguridad de que será el mejor día de mi vida.

Mi sueño es irresistible; no aguanto más de tanto sueño que tengo. Invito mi mente y a mi cuerpo a dormir conmigo en la deliciosa paz de Dios. Ahora. Amén.

Para no tener pesadillas, ni sonambulismo

Miro al interior de mi mente consciente y subconsciente y determino que, en el nombre de Dios, que habita en mi ser, haya armonía y amor dentro de mí. La paz infinita se está apoderando de mi mente y de mi cuerpo, de tal manera que, esta noche, tendré un sueño profundo y reparador.

Tanto la mente como el cuerpo descansarán en la cama. Sí, en la cama. Ya no tienen ninguna necesidad de agitarse o despertarse mientras que estoy durmiendo. Nada de eso.

Ahora hay una interacción maravillosa y positiva entre la mente y el cuerpo y ambos descansarán total y completamente. Nunca más me levantaré en sueños y sólo tendré sueños benéficos y saludables.

Soy hijo de Dios perfecto y la perfección se manifiesta en mí, esta noche y en todas las noches. Así es ahora y siempre.

Para despertarse de buen humor y descansado

Ahora tendré un sueño bendito, protegido saludable y tranquilo.

Me despertaré mañana lleno de energía, bien dispuesto, en buena forma y en perfecto estado de salud.

La Presencia Infinita, esta noche, efectuará la recuperación de mis fuerzas y la regeneración de todo el cuerpo. Me despertaré rejuvenecido e irradiando vitalidad.

Mi mente descansará envuelta en la paz celestial y, al despertar, sentiré una inmensa alegría de vivir, unas ganas irresistibles de levantarme y empezar el día, con entusiasmo, con un ánimo excelente y con la sonrisa multiplicándose en mis labios.

A partir de ahora, agradezco a Dios el hermoso día que me espera, al despertarme de este sueño tranquilo y reparador. Así es y así será.

Para perdonar a quien te ofendió

Oigo, ahora, en las profundidades de mi ser, la voz de mi Padre Celestial, que me dice: «Si perdonáis a los hombres sus faltas, también os las perdonará vuestro Padre». Perdono con sencillez, con sinceridad y de buen corazón a quien me ofendió o me quiso perjudicar.

Sé que Dios, que habita en mi interior, todo me lo concede; por eso, no permito que me duela la cabeza por los problemas de los demás.

Comprendo que puede haber muchas personas con poca capacidad de comprensión y con poca luz interior; por eso, perdono, porque no saben lo que hacen. Veo en cada persona al propio Dios, que en ella habita y, entonces, me resulta fácil perdonar, hacer una reverencia, levantar la cabeza, saludar y extender las manos.

Nadie puede ofenderme o perjudicarme, a no ser que yo oiga la ofensa y la guarde dentro de mí; por tanto, sólo depende de mí no cargar con ofensas ni prejuicios.

Mi mente, ahora, se cierra hacia todo el mal y todo el negativismo y se abre hacia el perdón y el amor, viendo en todas las criaturas legítimos hijos de Dios.

Pido que el Padre Celestial, que está en mí, me recompense por todo lo que los demás me deben, y sé que estoy recibiendo la recompensa multiplicada. Así es maravilloso. Perdono e irradio amor. Ahora sólo hay amor y buena voluntad entre nosotros. Y un círculo de amor infinito nos envuelve, de tal forma que estamos volviéndonos los mejores amigos, unidos por un lazo de fraternidad sincera, profunda y permanente. Amén.

Para no entrar en sintonía con las críticas malévolas

Ante todo, quiero reconocer que soy lo que soy y no lo que los demás dicen de mí. Sólo penetra en mí lo que acepto. Cierro, entonces mis oídos y mi mente a todo negativismo perturbador.

Prefiero oír palabras de la Verdad Superior, que dice que soy hijo de Dios perfecto, inteligente, capaz; que soy exitoso en todo lo que hago, porque el Poder Infinito es mi Fuerza realizadora; que soy una criatura maravillosa, bondadosa, positiva, llena de amor y rodeada por el amor de todos.

En vez de rebajarme y atarme al mal, subo cada vez más a las alturas resplandecientes del Bien, de la Luz, de la pureza y del mundo de Dios.

Me siento ahora tranquilo, tolerante, comprensivo y libre de toda contrariedad.

Acepto a los demás cómo son y perdono con tranquilidad. Todo está olvidado.

Me abro solamente a las palabras cariñosas, elogiadoras, positivas, aprobadoras y benignas de la gente que se mueve en mi aura de luz bendita. Así es y así será. Amén.

Para alcanzar algún objetivo importante en la vida

Reconozco esta verdad de la enseñanza del Maestro Jesús, que me dijo: «Pedid y recibiréis, porque todo aquel que pide, recibe». Esta verdad, ahora, está sucediendo en mi vida, poniendo a mi alcance la realización de este objetivo tan importante para mí. (Visualiza el objetivo como si lo hubieras alcanzado).

Sé que todo es posible, simple y fácil para quien cree, porque la realización está en las manos del Poder Infinito y de la Sabiduría Infinita, inmanentes a mí. Todos estamos de acuerdo con esta realidad, por tanto, ya se está expresando de forma maravillosa y perfecta.

Estoy muy feliz y pleno de una alegre expectativa.

Celebro en mí esta verdad mental y física y le doy gracias al Padre Celestial, que me lo da todo, y a Jesús, que me enseñó este camino tan sencillo.

Gracias. Gracias. Gracias porque así es y así será. Y no puede dejar de ser. Amén.

Para liberarse del fracaso

Padre Celestial, que habitas en mi interior y eres la Fuente inagotable de todo, gracias por la comprensión que me has proporcionado, de que no existe el fracaso y que todos son caminos bendecidos que me llevan, de la manera más rápida y perfecta, a la plena realización de mis metas en la vida.

Me enfrento a ese acontecimiento como una retirada estratégica, para dar un impulso más fuerte y preciso en la dirección de mi éxito total.

Ahora, pongo mi situación en manos de Dios y pido que me lleve hacia la solución perfecta y la realización plena de mi meta actual en la vida.

Nada más detendrá mis pasos. Seguiré firme y confiado. Pago a todos mis deudores, actúo con los demás como quiero que actúen conmigo –tal como me enseñó el Divino Maestro Jesús–, y recibo de forma multiplicada los bienes que necesito y ahora se los pido al Padre Celestial en el nombre de Jesús.

Estoy en el camino acertado y avanzo más cada día.

Me siento ahora desatado, libre, animado, positivo, optimista y con una fuerza inquebrantable para seguir adelante, porque todo está dando resultado. Así es y así será. Gracias. Amén.

Para superar la debilidad y la pereza físicas

Mi cuerpo es el templo del Altísimo; por eso, es fuerte como una columna de hormigón, está bien construido como las grandes catedrales, es bello y atractivo como los templos más grandiosos.

La energía infinita brota en mí con ímpetu y tengo plenas las fuerzas. Una vitalidad increíble me domina y siento ganas de trabajar, de seguir adelante en mis proyectos, de cumplir mi misión y sembrar la buena simiente que me dará frutos maravillosos. ¡Qué fuerte y sano me siento! Mi cuerpo es energía. Siento una elasticidad dinámica dentro de mí que me empuja hacia delante.

Estoy reanimado, revitalizado y lleno de salud, por el Poder Divino que se está manifestando en mí ahora.

Para ser inteligente y aprender con facilidad

Reconozco que soy hijo de Dios perfecto y que mi inteligencia está conectada con la Inteligencia Infinita. Por tanto, soy muy inteligente, tan inteligente como los grandes genios, y no puedo dejar de serlo. Ésta es mi realidad.

Si, hasta ahora, mantuve la falsa creencia de poseer una inteligencia mediocre y débil, junto a una memoria insignificante, expulso inmediatamente esta idea falsa y proclamo para mí mismo que soy muy inteligente, tengo una memoria excelente y aprendo todo con facilidad.

La Luz Divina está iluminando mi mente consciente y todo funciona en el más perfecto orden y armonía.

Te doy las gracias, Padre Celestial, por el reconocimiento de esta verdad y por el uso maravilloso que haré, de ahora en adelante, de mi brillante inteligencia y perfecta memoria. Amén.

Plegaria de la riqueza

Te agradezco, Divino Maestro Jesús, porque viniste a traer la buena nueva a los pobres y por la enseñanza sencilla y verdadera de que todo lo que se pide, se recibe.

Sé que no estabas bromeando cuando nos enseñaste esta profunda verdad.

Tampoco importa si aún no capto el sentido profundo de esta enseñanza. Me basta saber que todo lo que pido lo consigo. Ésta es la ley de la riqueza. Éste es el camino verdadero. ¡Tan sencillo y tan natural!

Pido, en este momento, que la riqueza fluya para mí como una lluvia torrencial, a través de la cual ya estoy pagando todas las cuentas, adquiriendo todo aquello que deseo y necesito para expresarme plena y cómodamente en la vida.

Mi mente es rica, porque creo sinceramente que la riqueza está viniendo hacia mí, atraída por una Fuerza Divina irresistible.

Nunca más alimentaré pensamientos de pobreza, miedo, dudas ni complejos negativos.

Dios –que habita en mi ser y en mi casa– y yo somos la riqueza infinita. Deseo que esta riqueza se manifieste plenamente en mí y que de mí se expanda hacia toda la humanidad, igual que la lluvia abastece al río y el río desemboca en el océano universal. Nunca más me preocuparé. Dejo todo en las manos de Dios, Fuente de la abundancia inagotable.

Mi mente, pues, está pura, desapegada, libre, alegre y feliz. Vivo la vida como una grandiosa manifestación del amor de Dios y me siento en el reino de los cielos. Amén.

Para gustarse a sí mismo

Padre Celestial, ahora reconozco que nací como obra prima de tu amor, por eso, me considero una criatura maravillosa, perfecta, llena de cualidades, inteligente, guapa, radiante, saludable y creativa.

Miro hacia dentro y contemplo la dimensión infinita de mi ser. Mi cuerpo es el templo del Altísimo y mi mente es la mansión del Padre.

Soy todo, porque Dios está en mí; y soy único en mi individualidad, porque el gran Artista no se repite.

Sí, Padre Celestial, ahora sé que me has hecho ópera prima, que firmaste abajo y permaneces en mí para que esta obra, jamás se deteriore.

¡Qué admirable!

Gracias, Padre, por haberme hecho así.

Me gusto a mí mismo porque todo lo que tú haces es bueno y grandioso.

Me gusto a mí mismo porque me iluminaste de amor.

Me gusto a mí mismo porque reconozco este mundo tan elevado, tan hermoso, tan querido, tan tierno y tan amoroso, que creaste en mí.

¡Padre, cómo te debo de gustar para que me hayas dotado de tantas cualidades!

Ahora me siento feliz, oh Padre Celestial, por lo que soy, con lo que soy y te doy las gracias, con mucho amor. Amén.

Para no sentir soledad

Padre Celestial, muchas gracias por haberme creado en comunión contigo y con todo este universo tuyo tan maravilloso.

Estoy en ti, tú estás en mí, y los dos somos uno con el universo de los seres humanos, de los animales, de las plantas, de las estrellas, de las aguas y de todos los seres vivientes.

En esta comunión, tan inmensa y grandiosa, no existe la soledad.

Me encuentro a gusto conmigo mismo; por eso, me siento muy bien en mi propia compañía. Por tanto, estoy siempre bien acompañado. Me siento comprendido en la interacción universal y esta envoltura de amor me hace feliz, feliz, muy feliz. Y una persona feliz no sufre de soledad.

Bendito seas, Padre, por haber hecho todo perfecto y sencillo.

Ilumíname de amor siempre y cada vez más, para que yo pueda continuar cantando la alegría de vivir. Amén.

Para sentirse bien en cualquier lugar

Padre mío, sé que todo lo que existe fue creado por ti con amor y arte, por eso no hay lugar peor o mejor. Todos los lugares son bellos y bendecidos. Basta con que mire con amor la obra de la creación del mundo.

Nunca más cerraré los ojos hacia las bellezas del universo.

Quiero ahora iluminar mi corazón de amor y alegría, para que esa luz embellezca aún más el lugar donde vivo, el ambiente donde estoy.

No esperaré a que los otros hagan que el ambiente en que vivo sea acogedor y agradable. Ahora pondré luz, amor, encanto y buena voluntad en todos los lugares.

Mi mente es la lámpara de mis ojos. Ilumino mi mente de forma positiva y alegre y los lugares por donde paso estarán iluminados, positivos y alegres. Así es, porque soy lo que pienso y mis pensamientos crean la realidad de mi mundo exterior, por tanto, ella es el resultado de mi mente. Y como ahora me siento alegre y feliz, mi entorno también está lleno de alegría y felicidad.

Me gusta este lugar y me siento maravillosamente bien. Así es y así será.

Para dejar la bebida

Dios Mío, me hiciste grande, fuerte, poderoso e inteligente, a tu imagen y semejanza; me hiciste dueño de mí y del mundo que me rodea. Por eso, no permito que la bebida me domine. No tiene por qué dominarme.

Padre Celestial, tú estás dentro de mí, conmigo, por tanto, tú y yo somos la fuerza más poderosa del mundo y, en consecuencia, es ridículo decir que la bebida me domina.

¡De ninguna manera!

Asumo ahora mi grandeza y poder y determino categóricamente que desaparezca todo lo adverso y que abandone la bebida para siempre.

Ahora sólo beberé lo que quiera y cuando realmente lo quiera. Soy dueño de mí mismo.

Dios es el Poder Infinito que ahora se manifiesta en mí, bajo mi petición de intervención, para que la bebida se aparte de mí, se vaya muy lejos y no vuelve nunca más. La bebida está expulsada definitivamente de mi vida.

Determino, con toda mi fuerza moral, física e intelectual, que sólo beberé agua, refrescos, leche, café, zumos y bebidas no alcohólicas.

De cerveza, jamás pasaré de una botella por día, por lo cual, al cabo de un mes, no sentiré más ganas de beber.

Respecto a bebidas como whisky, aguardiente, coñac, licores y semejantes, nunca beberé más que una dosis del tamaño de un café corto por día; al cabo de un mes, esas bebidas no tendrán ya ningún atractivo para mí y dejaré de beber de forma natural, sin esfuerzo, ni sufrimiento.

Te doy las gracias, oh Padre, porque tú eres mi Fuerza, que me hace cumplir rigurosamente esa orden interior. No tengo miedo de fallar. No puedo fallar porque Dios nunca falla y he instalado a Dios como mi Fuerza irresistible.

Me siento muy feliz. Y mi alegría y felicidad se multiplican con la alegría y la felicidad de mi familia, de mis amigos verdaderos, de mis colegas del trabajo, de mis hermanos de fe, que ahora aprecian mi compañía mucho más.

Prometo rezar esta oración poderosa veinte veces al día, o más, hasta el día en que no necesite ya rezar, porque no necesite la bebida.

Padre, contigo todo es fácil. Son tu Fuerza y tu Poder los que actúan en mí, por eso, es mucho más sencillo y fácil todavía.

Me siento feliz, libre, sano y renacido.

Ahora soy otra persona.

Así es y así será ahora y siempre. Amén.

Para dejar de morderse las uñas

Invoco ahora el Poder Infinito, inmanente a mi subconsciente, para volverme una persona equilibrada, sana y positiva. El pasado no existe más. Purifico mi subconsciente de todas las programaciones negativas.

En el legítimo orden de mi ser, soy hijo de Dios perfecto y no un roedor; por tanto, no volveré a morderme las uñas. Nunca más. Soy libre. Completamente libre.

Tengo el absoluto control sobre mis brazos, mis manos y mis dedos y determino que se queden en su lugar, sirviéndome para los fines benéficos a los que Dios los ha destinado. Como no soy roedor, doy orden a mis manos y dedos de que no se acerquen nunca más a mi boca con ese fin desagradable.

Expulso para siempre cualquier razón de orden subconsciente que me conducía a esa tontería y me siento libre, seguro de mí mismo, dueño de mí mismo, fuerte, positivo, sano, lleno de amor y feliz.

Soy el autor de mi vida, por tanto, de ahora en adelante, uso el Poder Infinito, que existe en mí, para alcanzar mis objetivos y sentirme maravillosamente bien. Así es y así será. Amén.

Para perdonarse y dejar de autocastigarse

Jesús, gracias por habernos enseñado la ley maravillosa y terapéutica del perdón, que no es otra cosa que desconectar el mal de la mente. Ahora sé que, al desconectar el mal de mi mente, expulsándolo, estoy perdonado, esto es, el mal ya no existe en mí.

¡Qué maravilla!

Ahora mismo, pues, expulso de mi mente y de mi cuerpo todos los males y errores de mi vida pasada y ya no existe mal alguno en mí.

¡Qué milagro más sencillo y grandioso!

Nunca más removeré el pasado. Ahora sólo existen paz y amor en mí; está es mi verdadera realidad.

No acepto ya ningún pensamiento negativo del pasado. No lo acepto porque el pasado ya no existe.

Renuncio definitivamente a remover el pasado.

A partir de ahora, soy una nueva criatura, alegre, pura, positiva, saludable y bendecida.

Sigo adelante, con esta verdad en mente.

Mi vida es hoy, aquí y ahora; y hoy, aquí y ahora tengo la mente consciente y subconsciente limpias como las fuentes cristalinas de las montañas.

Estoy perdonado, feliz, saludable, libre y en paz. Sí, en paz.

Así es y así será.

Para dejar de fumar

Padre Celestial, tú me has dado un cuerpo perfecto, hecho a tu imagen y semejanza y quiero conservar ese cuerpo tal como me lo diste, sin causar ningún perjuicio intencionado, por eso, dejé de fumar. Nunca más tendré ganas de acercarme a la boca nada que se pueda fumar. Sé que el placer es un estado mental, entonces visualizaré el placer de vivir, la alegría de ser hijo de Dios perfecto, el éxito de cada día, el amor iluminando mi corazón; y ahora sí, me siento compensado, satisfecho y feliz.

Padre, me conecto con tu fuerza infinita e irresistible, de tal manera que dejo de fumar con toda naturalidad, sin ningún esfuerzo y sin sacrificio. Hasta me causa gracia ver ante mí a personas echando humo por la boca.

Me siento libre, saludable, feliz y agradecido. Así es ahora y siempre.

Para superar la inseguridad

Reconozco definitivamente la verdad de que Dios habita en mi interior y, por tanto, su poder y sabiduría me envuelven y conducen mis pasos por los caminos de cada día.

Con esa certeza, me siento seguro de mí mismo, confiado y tranquilo.

Me conecto al Poder Divino y a la Sabiduría Infinita, existentes en el fondo de mi ser y pido que me conduzcan con firmeza a la realización de mis objetivos, de mis ideales y de mis deseos positivos y benéficos.

Ahora estoy en paz y estaré siempre seguro de mí y en paz. Amén.

Para deshacer la ansiedad y la angustia

Entro en el interior de mis mentes consciente y subconsciente y borro toda la angustia y ansiedad que hay allí. No necesito conocer su causa. Sólo necesito tomar la resolución de que desaparezcan definitivamente esa agonía, esa presión y esa sensación de malestar y es lo que estoy haciendo ahora.

Limpio mi mente de todo lo negativo y perturbador del pasado, presente y futuro.

Sé que soy hijo de Dios perfecto y, como hijo de Dios perfecto, soy guiado divinamente en mi mundo de amor, de negocios, de salud, de relaciones, de decisiones, y de compromisos. Todo me está saliendo bien. Dios me guía maravillosamente bien.

Ahora me siento ligero, confiado y libre como las aves en el cielo.

¡Qué bueno es vivir así! Y será siempre así. Amén.

Para vencer la timidez

Miro para adentro con ojos puros, claros, profundos y reconozco que soy mucho más de lo que pensaba. Realmente soy hijo de Dios perfecto; soy muy inteligente; tengo la sabiduría de los genios y la capacidad de los grandes hombres. Soy capaz de hacer todo lo que deseo y necesito hacer. Nada más me perturba y nada me inhibe. Ahora me siento suelto y seguro de mí mismo.

Siento el impulso benéfico de actuar con seguridad y naturalidad en cualquier circunstancia, por ejemplo, cuando hablo, canto o me presento en público; cuando estoy en una reunión de amigos y amigas; cuando me piden mi opinión en las reuniones; cuando tengo que impartir una clase; cuando tengo que defender una tesis; cuando tengo que discursar; cuando debo participar en festividades de boda, en una concesión de títulos, homenajes, inauguraciones o en cualquier otro evento…

Invoco a la Sabiduría Infinita, que habita en mi mente, para que me conduzca, con seguridad y prudencia, en todas las situaciones, de modo que no soy yo quien actúa, sino que es Dios quien actúa en mí. Eso me deja en la paz más perfecta, con la certeza absoluta de que obtengo éxito en cualquier circunstancia. Amén.

Bendición para la plantación

Dios, Padre y Creador, tú, que nos enseñaste a descubrir las semillas, a plantar, a cultivar y a cosechar para la subsistencia de tus hijos, bendice esta plantación, derrama tu energía divina en cada semilla, en cada brote, en cada planta de esta labranza y protégela contra cualquier posible alteración o perjuicio.

Sé que tú hiciste el mundo perfecto y armonioso, sé que las alteraciones del clima, del suelo, del tiempo y las plagas no forman parte del equilibrio total establecido por la Sabiduría Infinita.

No sé mucho sobre el orden positivo del universo, pero tú sabes todo. Por eso, te entrego este campo, para que cuides de él, mandando que se vayan aquellos bichos que no están en su lugar y se vayan a vivir a donde no puedan perjudicar a nadie; mandando que cada planta tome de la tierra, del agua y del aire toda la energía que necesite para conseguir un rendimiento máximo.

Como rey de la creación, yo también bendigo las plantaciones de este cultivo y de todos los demás cultivos que están ahí para el beneficio de los hijos de Dios y de las criaturas de este mundo de Dios.

Cada día elevo el pensamiento hacia el Altísimo y, en nombre del Padre Creador, derramo la energía de Dios y la del universo sobre cada planta, agradeciendo tantas recompensas multiplicadas que recibiré de cada una de estas criaturas maravillosas.

Haré lo posible para cuidar y proteger todas las plantas y lo que no me fuera posible hacer lo dejo en tus manos sabias y poderosas, mi Padre y Creador.

Sé que tu bendición multiplicará los frutos para mi alegría y para que la abundancia sea una constante aquí en la Tierra.

Así es y así será.

Para la autoestima

Un día yo no existía aún. Dios me imaginó, hallando gusto en la idea y quiso que esa idea bella y grandiosa sucediera en su universo maravilloso. Entonces, Padre Celestial, me creaste con arte y con mucho amor.

Nací de ti, de tu genialidad y, por esta justa razón, no puedo dejar de considerarme una ópera prima de la creación. Sí, realmente, me creaste pleno de cualidades, de dones, de belleza y me colmaste de riquezas sin fin.

Al hacerme de tu imagen y semejanza, me proveíste de una inteligencia ilimitada y una dimensión superior a mi mente.

Reconozco ahora que soy hijo de Dios perfecto, de proporciones divinas, dueño del universo, portador del Poder

Infinito en mí, capaz de alcanzar todo lo que deseo en este mundo bendito.

¡Qué grande y lleno de valor me siento ahora!

¡Gracias, Padre Celestial! Amén.

Para quien perdió el empleo

Mi Padre Celestial, me conecto contigo, confío en ti y pongo en tus manos la solución a mis problemas.

Como tú eres la Sabiduría Infinita y el Poder Infinito, tengo la certeza de que no perdí el empleo; sencillamente, estoy dirigiéndome al lugar más indicado para mí en este mundo, donde puedo realizarme en plenitud y contribuir mucho más que hasta ahora, para volver este mundo mejor de lo que está.

Gracias, Dios mío, por conducirme a un empleo mejor, a un trabajo en el que desplegaré con mayor libertad mis dones; donde invertiré mis energías con más provecho. Por eso, no perdí el empleo, sino que estoy a punto de conseguir el mejor empleo y el trabajo más fructuoso de mi vida.

¡Gracias, Padre Celestial!

Puedes abrirme la puerta de ese empleo. Yo prometo hacer lo que pueda para merecerlo y valorarlo.

Me olvido del pasado.

¡Empiezo una nueva vida de ahora en adelante, guiado divinamente por ti, mi Padre sabio y bondadoso!

Confío en que, a partir de ahora, me estás conduciendo hacia mi nuevo empleo y lo recibo con mucha alegría y entusiasmo y me obligo a desempeñarlo con la capacidad que esperas de mí. Amén.

Para tener éxito en el empleo

Me dirijo al Dios que habita en mi interior, fuente del poder y de la sabiduría, pidiendo que me guíe en ese empleo a fin de que pueda desempeñarlo con inteligencia, buena voluntad, alegría y capacidad.

Doy todo de mí en este trabajo, en busca del éxito y del progreso de la empresa.

Intento colaborar con todos, dentro de mis capacidades.

Soy tolerante con las mentes menos elevadas.

No doy la más mínima importancia al cotilleo, a los escándalos, rumores, intrigas, procedan de donde procedan. Intento siempre ver el lado positivo de las personas que trabajan conmigo; por eso, todos se llevan bien conmigo y me aprecian.

La Sabiduría Infinita me ilumina en todas las decisiones y en los pasos que debo dar dentro de las áreas de mi competencia.

Estoy siendo guiado divinamente para ascender cada vez más, porque la empresa necesita personas con mis cualidades, con mi responsabilidad y honestidad, para ocupar los cargos más altos.

Estoy agradecido a Dios, ya que también yo estoy progresando cada vez más, ganando cada vez más, puesto que al dar se recibe.

Para quien sufrió una injusticia

En esta plegaria tranquila y transparente, pido a Dios la gracia suprema de olvidarme de la injusticia y perdonar completamente a quien la cometió, porque sé que hay una Justicia Mayor, aquella de arriba, que siempre me paga correctamente de acuerdo con mis pensamientos, sentimientos y actos.

Al comprender esto, reconozco que nadie me puede hacer daño, pues hay una Ley del Retorno, por la cual Dios siempre me da la justa y debida paga de todo lo que debo recibir.

Ya no me angustio más. Procuro calmar los nervios y aliviar la mente. Me sonrío a mí mismo y a todos los demás, y sigo adelante, con la certeza de que lo que me pertenece, de hecho y derecho, nadie me lo puede quitar. Y, si aún hubiera alguna incomprensión o injusticia, no me preocupo, porque recibiré todo lo que me pertenece, con juros y corrección monetaria.

Ahora me siento ligero, libre y positivo. Pongo en las manos de Dios la solución correcta de esta situación y no me incomodo más. Todo está saliendo bien y ya estoy recibiendo lo que me pertenece en el justo y debido orden.

Oración para el matrimonio en crisis

Sé que el amor, en el matrimonio, es como el Sol: se ilumina a sí mismo e ilumina a los otros.

Abro, ahora, las puertas y ventanas de mi corazón para que la luz y el calor del amor nos iluminen y nos calienten.

Perdono el pasado y jamás lo volveré a recordar porque el pasado no existe. La vida es hoy, aquí y ahora. Por tanto, es sencillo y fácil revitalizar mi matrimonio ahora, ser feliz ahora, renacer a una vida en pareja más agradable y pacífica ahora.

Dejaré de mirar hacia la oscuridad. Miraré siempre las cosas buenas que hay entre nosotros y sé que son muchas.

Los dos somos hijos de Dios perfectos, llenos de buena voluntad, ambos deseamos ardientemente ser felices, queremos sentirnos bien cuando estamos juntos. Llevamos la vida deportivamente, sin albergar rencores por las debilidades de cada uno.

Sé que sólo yo puedo crear mi felicidad y mi infelicidad; por eso, no lloro por las penas, no complico la vida a nadie, no guardo odio, ni celos. Sigo adelante, lleno de alegría, más animado que nunca, intentando crear un ambiente de paz, de concordia y de buen entendimiento entre los dos.

Nos hemos elegido el uno al otro, entre millones de seres humanos; nos casamos para juntar las dos mitades de la misma unidad; por tanto, sólo juntos podemos alcanzar el máximo de felicidad, de unión, de armonía y de éxito en el matrimonio. Entonces, no tengo miedo de nada, ni de nadie. Soy amor e irradio amor y cariño hacia ti.

Reconozco tus cualidades, tu espíritu bondadoso y generoso que has tenido desde que nos conocemos y quiero hacer todo para que te sientas bien en mi compañía.

Dios está bendiciendo e iluminando nuestro matrimonio. Por el Poder Infinito, que habita en nosotros, el milagro del amor y de la felicidad está, ahora, sucediendo entre nosotros.

Hoy es un nuevo día. Más feliz y bendecido. Y todos los días serán así, porque Jesús nos enseñó la ley del pedid y recibiréis, «porque todo el que pide recibe». Así es y así será. Amén.

Para reunir al matrimonio separado

El gran maestro Jesús nos enseñó que «lo que es imposible para los hombres, es posible para Dios», por eso, invoco al Poder Infinito y la Sabiduría Infinita, para que se solucionen todas las dificultades de nuestro matrimonio divinamente y suceda la reconciliación, la nueva alianza de amor, más perfecta, más agradable, más duradera y más feliz.

Me deshago definitivamente de todos los obstáculos existentes, me lleno de buena voluntad y perdón; extendiendo la mano hacia ti y, a través de la Fuerza Infinita, nuestro matrimonio ya está volviéndose más feliz que nunca.

Sé que estamos hechos el uno para el otro, por tanto, sólo unidos venceremos las dificultades y viviremos cada vez mejor.

El pasado no existe, por eso no pienso en él. El presente es esta verdad de amor entre nosotros.

No me pregunto cómo podrá suceder. Ésa es la parte de Dios.

Dios dijo: «Me invocará y yo le escucharé». (Salmos 90).

Pongo la solución perfecta y definitiva en las manos de Dios y sé que todo ya está divinamente resuelto.

Tengo la fe absoluta de que así es y así será. Amén.

Para antes de las comidas

¡Bendice, Señor, estos alimentos que comeremos y que sirven a nuestra salud y bienestar!

Que esta mesa sea siempre abundante, por tu poder, y que conviertas ese momento en una convivencia muy alegre y agradable. Amén.

Para antes de viajar

Dice la Biblia: «Pues que a sus ángeles mandará para que te guarden en todos tus caminos». En este viaje y siempre, ningún mal puede dañarme a mí, ni tampoco a las personas que viajan conmigo, ni al coche que nos lleva, ninguna desgracia nos alcanzará, pues el Señor dio una orden a sus ángeles para que, en todo este viaje, nos guarden. Amén.

Para quien tiene miedo de conducir

Invoco la Presencia Divina para que me guíe, en este coche, asegurando mis manos y pies, a fin de que pueda ir y venir con seguridad, con tranquilidad y con la certeza de que conduciré perfectamente.

Señor, elimina los obstáculos de mi camino y protégeme de todo el mal.

Me siento tranquilo, con confianza y total seguridad.

Así es y así será. Amén.

Para liberarse del dolor de cabeza

Envuelvo mi cabeza con un velo de luz azul calmante y anestésica.

La tranquilidad, la paz y la justa orden se establecen ahora en mi mente y en todo mi cuerpo. Mi cabeza está aliviada, los nervios están descansando, los vasos sanguíneos funcionan tranquilamente; me siento aliviado, aliviado, aliviado, completamente aliviado.

Jesús, que prometió aliviarme de la opresión, del dolor y de la sobrecarga, ahora me está liberando, está aliviándome cada vez más, y ya estoy experimentando un profundo bienestar. Así es y así será.

Para sacar buenas notas en la escuela

Padre Celestial, me has creado a tu imagen y semejanza y, por tanto, con una inteligencia sin límites y una memoria inagotable. Enséñame a usar correctamente mi inteligencia y memoria, a fin de captar todo lo que estudio, de grabarlo profundamente en la mente y recordar siempre lo que necesito.

Sé que tengo la capacidad de los alumnos más inteligentes y de los genios, por eso, estudio con tranquilidad, con autoconfianza y con la certeza de que, de ahora en adelante, sacaré siempre notas estupendas y tendré mucho éxito en los estudios y en los exámenes.

Así es ahora y siempre.

Para pasar la admisión a la universidad

Reconozco que mi inteligencia y memoria son perfectas y declaro la verdad de que todo lo que vi, oí, leí y aprendí, desde la gestación hasta el día de hoy, está grabado en mi mente y siempre puedo recordar lo que quiera.

Reconozco, también, que mi mente está conectada con la mente de todos los profesores de cada asignatura y con la mente de todos los que accederán en la universidad, por eso, deseo que la luz del conocimiento cósmico se manifieste en mí, en este examen de acceso.

Sé que todo lo que pido, con fe, lo alcanzaré, como me enseñó el Maestro Jesús; por tanto, me conecto con el Poder Infinito, que me facilitará obtener el éxito total en este examen y que será mi camino de realización en la vida y el de mi participación en la obra maravillosa de hacer un mundo cada vez mejor.

Gracias, a partir de ahora, Padre Celestial.

Sé que así es y así será. Amén.

Para liberarse del fallecido

Padre Celestial, reconozco que, después de esta vida, la vida continúa mejor y de forma más perfecta. Sé, entonces, que esta persona querida está realmente feliz, en tu mansión, y eso me deja tranquilo y en paz.

No me preocupo más por este familiar. Lo pongo en tus manos, Padre, y me libero de él, a fin de poder continuar esa caminata, junto a los míos, con alegría total, con ánimo elevado, con mucha fe y sin carga.

Nunca más estaré triste ni nostálgico. La vida es una sola, en todas las dimensiones, y continúa, siempre mejor que antes. No hay motivo para sufrir, ni para anhelar nada.

Me siento libre, ligero, lleno de ánimo y feliz.

Ahora soy otra persona. Sólo guardo afecto y lazos mentales agradables con respecto a mi pariente. Nada más me oprime.

Me siento maravillosamente bien. La vida es bella y soy muy feliz. Amén.

Para la armonía en el matrimonio

Invoco a la Sabiduría Infinita para que conduzca nuestro matrimonio a un estado maravilloso de armonía y paz.

Somos hijos de Dios; tenemos buena voluntad, deseamos que la armonía se exprese en plenitud cada hora del día, y pedimos al Poder Infinito, inmanente a nosotros, que se manifieste en este sentido, atendiendo esta plegaria.

Ahora ya hay paz y armonía en nuestra vida conyugal y eso nos hace muy felices, con una inmensa voluntad de estar siempre juntos.

Nos llevamos bien y este amor aumenta cada día. Amén.

Para encontrar el amor de tu vida

Acepto definitivamente la verdad de que todo lo que deseo, existe y está aguardándome. Como deseo tener un Amor en la vida, tengo la seguridad de que existe alguien que desea mi amor.

Invoco, ahora, a la Sabiduría Infinita, inmanente a las profundidades de mi ser, para que lleve estos mensajes a mi otra mitad y haga que nos encontremos enseguida y seamos uno solo en el amor, en la felicidad, en la comprensión, en la bondad y en el cariño; que seamos, en definitiva, un solo corazón y un único cuerpo.

Abro mi corazón y mis brazos, sin prejuicios y sin timidez, para recibir a mi amado. No importa si llega hoy o mañana, me siento feliz y agradecido a partir de ahora.

Gracias, Padre, por el milagro de nuestro amor infinito. Amén.

Para protegerse contra asaltos

Me pongo ahora y siempre bajo la protección de Dios, que me defiende, día y noche, contra los asaltos y personas malintencionadas.

«Nadie se acercará a ti para hacerte mal», dice la Biblia, y, por eso, a partir de ahora me siento protegido divinamente.

Dondequiera que esté, siempre me rodeará un halo de luz protectora y la Presencia Divina me conducirá por caminos benéficos y bendecidos.

Bendigo a todas las personas y les digo que el amor de Dios nos envuelve; y en el amor de Dios no puede haber mal de ninguna clase.

Estoy protegido por Dios y acompañado por mi ángel de la guarda. Ahora y siempre. Amén.

Para la protección de la casa

Envuelvo esta casa en un círculo de protección divina. Las manos de Dios me rodean y ningún mal podrá entrar, porque nada ni nadie puede contra Dios, que habita en mi casa y la protege. Así es ahora y siempre. Amén.

Oración para adelgazar

Dios mío, sé que todo lo que haces es perfecto; por eso, mi cuerpo es, en su verdadera realidad, perfecto, guapo, saludable, bien formado y atractivo.

La Perfección Divina se manifiesta en cada célula y en cada órgano, eliminando todo lo que es innecesario y perjudicial. Sólo permanece el cuerpo depurado, delgado, bien organizado y saludable.

Así es y así será, por el Poder Divino. Amén.

Oración del joven

Dios mío, estoy en el período de la juventud, de la vitalidad, del vigor, del idealismo, de los sueños y de los deseos de grandeza, amor y éxito. Todo eso es maravilloso y sé que tú me hiciste así para que usara esta poderosa fuerza interior y física a fin de construir una vida útil, benéfica y grandiosa.

Sigo adelante, con fe y valentía, porque tú me guías y me abres los caminos para mi realización total.

Me deshago de la timidez, el miedo y la falta de voluntad.

Levanto la cabeza; miro la vida con entusiasmo y tengo ahora la certeza de que alcanzaré mis elevados objetivos.

Soy fuerte, dueño de mí mismo y estoy lleno de salud y de fuerza de voluntad; por eso ni nadie, ni nada me llevará al camino de las drogas, de los vicios ni de las desgracias.

Tengo a Dios dentro de mí, que es la fuerza más poderosa y creadora del mundo; por eso, no me preocupo por la opinión de los demás. Nadie tiene poder sobre mí.

Soy un éxito. Mi corazón está encendido de amor: Irradia amor y recibe mucho amor. Tengo muchas amistades positivas y benéficas.

Estoy viviendo intensamente mi juventud, construyendo mi mundo maravilloso y caminando hacia el futuro más bello que hubiera podido imaginar.

Así es y así será, por el Poder Infinito, que hay en mí. Amén.

Oración para dejar las drogas

Sé que Dios está en mí y, por tanto, yo y Dios, somos la Fuerza más poderosa del mundo, contra la cual nada y nadie puede, mucho menos la droga y los tóxicos.

Invoco a la Fuerza Infinita que llevo dentro, y determino que estoy definitivamente libre de drogas. Ya no tengo ningún interés, ningún deseo, ninguna voluntad de seguir apegado a ellas y ya nadie me convencerá de que tome drogas de ninguna clase.

Es el Poder Divino, inmanente a mí, quien me ha liberado, no mi fuerza de voluntad, por eso, me libré de ese mal, sin necesidad de sacrificios y sufrimientos.

Me libré de esos hábitos nocivos con la facilidad de quitarse un zapato.

Nada resiste al Poder Infinito, que habita en mi interior.

Ahora soy otra persona. Soy libre. Soy saludable. Soy fuerte. Recomienzo mi vida con entusiasmo y estoy guiado divinamente hacia un trabajo y hacia la realización de mis más grandes sueños.

Hoy soy un vencedor. Hoy y siempre. Amén.

Oración para no ser víctima de la droga

Invoco a la Sabiduría Infinita que hay en mí, para orientarme divinamente en los pasos y decisiones de mi vida. Esta Sabiduría sabe todo sobre las intenciones de los demás, por eso, me defiende y me libera de todo el mal.

Sé que Dios siempre me oye y me atiende, como dice la Biblia: «Me invocará y yo le escucharé».

Por tanto, vivo mi vida en paz, seguro de mí mismo, confiado, y superior a cualquier influencia negativa.

Soy yo quien manda en mí y nadie más. Dios y yo. Por tanto, Dios y yo somos la Sabiduría Infinita y el Poder Infinito, de tal manera que, contra mí nadie puede.

Cada día que pasa, estoy mejor en todos los sentidos.

Gracias, Padre, porque has oído mi oración.

Soy feliz, hoy y siempre. Amén.

Para tener éxito en el amor

Me conecto con el Poder Infinito y la Sabiduría Infinita, para que me conduzcan por los caminos de las amistades, de la convivencia feliz, del amor exitoso, hasta que encuentre a la persona que habrá de llenar todos los espacios de mi corazón, con la cual seré feliz, feliz, muy feliz en la vida, para siempre.

A partir de ahora, abro mi corazón. No tengo prejuicios, ni miedo de nada, porque Dios me ilumina y me orienta.

Estoy siempre radiante, feliz y lleno de amor. Amén.

Para la unión familiar

Dios Creador, que hiciste todo perfecto y creaste la familia en la unión del amor, refuerza los lazos que nos unen, a fin de que, cada día, todos estemos más unidos, seamos más amorosos, más comprensivos, más cariñosos, más bondadosos, más pacientes, más tolerantes, más agradables y más alegres.

Gracias, Padre, por este milagro maravilloso de habernos creado uno solo, en esta familia que nos diste. Amén.

Oración del amor

Me sumerjo en el sol del AMOR, cuya energía vital creó a todos los seres vivientes en el universo y me veo a mí mismo como Realidad Amorosa de esta Fuerza Infinita.

Ahora recibo la energía dorada del AMOR DIVINO y la siento vibrar en mi ser, impregnando e iluminando mi ser.

Dejo que la explosión creadora del mundo tenga lugar en mí, en este instante, y renueve, revitalice y dé energía a mi cuerpo, a mi mente y a mi corazón.

¡Soy AMOR, AMOR, todo AMOR!

Soy eterno porque el AMOR es eterno.

Soy feliz porque el AMOR es felicidad.

Soy fuerte y poderoso porque el AMOR es energía infinita y todopoderosa.

Padre Creador, Sol del AMOR que me calienta y me ilumina, gracias por el mundo ilimitado de amor que creaste en mí y que irradia de mí ahora, con más fuerza que nunca, hacia todos los seres.

Y todos los seres humanos, principalmente los que viven a mi alrededor, están ahora encendidos por la energía dorada de mi amor. A Todos ellos les gusta estar cerca de mí, me aman y bendicen mi presencia.

Permanece siempre en mí, oh Sol Divino, Amor Infinito, que eres la Vida de mi vida, Fuerza de mi fuerza, Amor de mi amor, Luz de mi luz, Energía de mi energía, Salud de mi salud y Divinidad de mi divinidad. Amén.

Oración de la paz

Gloria a Dios en el cielo y paz en la tierra para mí, que soy una persona llena de buena voluntad.

Deseo que la paz me envuelva plenamente.

La paz es la liberación de la mente y del corazón.

Expulso las obsesiones, los negativismos, las opresiones y todo lo que me perturba. Los expulso definitivamente, porque ahora me conecto con el Poder Infinito que hay en mí, que me defiende, me envuelve, me ilumina los pasos y pone a mi alcance todo lo que quiero. Siendo así, dejo mi mente vacía, pura, positiva e iluminada. Esto es paz del espíritu. La paz es la salud de la mente.

Estoy en paz: Estoy saludable.

Así es ahora y siempre.

Para no tener miedo a los animales

Dios, Padre Creador, tú creaste el universo y todos los seres en la más perfecta armonía y comunión de amor; al crearme a tu imagen y semejanza, me instalaste como rey de la creación, por tanto, reconozco que debo amar a todos los animales y reconozco que todos los animales están bajo mis órdenes benévolas y correctas. Y por eso, a partir de hoy, amaré cada vez más a los animales, pues, cada uno de ellos tiene una misión que cumplir dentro del orden divino y cósmico. Como rey de la creación, debo controlar a los seres inferiores que estén causando daños, pero, siempre teniendo en cuenta que son criaturas de Dios y que no tienen una capacidad de comprensión como la que yo tengo.

Irradio amor hacia todos los seres del mundo y determino que ninguno me cause daño. Sólo existe amor entre nosotros y el amor es la comunión universal más perfecta.

Así es y así será.

Para perder la repugnancia hacia ciertos animales

A partir de hoy, veré en cada ser del universo, por más minúsculo o extraño que sea, una criatura de Dios, hecha con inteligencia, con el fin de cumplir una misión benéfica en la Tierra.

No hay animales repugnantes: eso es sólo una idea negativa mía. Ningún ser de la creación divina merece mi desdén.

Sí, pequeñas criaturas, ahora os miro con ojos limpios, contemplando los detalles increíbles de belleza y perfección con los que habéis sido dotados: las patitas mimosas, las alas coloridas o brillantes; el pico o la boquita mimosa; los pelos coloridos, escasos o densos; las orejas de forma perfecta; las antenas fantásticas, mil años adelantados a nuestras naves espaciales; en fin, os contemplo con una mente pura, libre e infantil.

Cada vez que sienta algún sentimiento negativo con respecto a cualquier criatura de Dios, rezaré esta oración hasta cambiar de idea y de sentimientos. Así es y así será. Amén.

Para vencer el estrés

Si mi mente está en paz y mi cuerpo saludable recibe el reposo merecido tras las jornadas laborales, no tendré estrés.

Me amo a mí mismo, según el primer mandamiento, por eso, a partir de hoy, dejo mi mente libre, tranquila, en paz, y a mi cuerpo saludable y armonioso le doy el descanso necesario, el alimento indispensable y la liberación de las tensiones acumuladas.

Por la noche, relajo la mente y el cuerpo, duermo tranquilamente, sin pastillas, de acuerdo con la orden divina; y por la mañana, me despierto lleno de energía y feliz de la vida.

Hago mi trabajo a gusto, porque me gusta mi trabajo. No me preocupo, nunca más, porque ahora sé que existe un Poder Divino en mí, que todo me lo concede.

Vivo mi vida con levedad, es decir, sin tensiones y sin desgastes innecesarios. Dios me conduce, me orienta y cumple mis deseos.

Me siento libre, saludable, alegre y lleno de energías. Así es y así será. Amén.

Para ser tolerante

Sé que, en la vida, el orden y el nivel de comprensión de la gente no son iguales, por tanto, tomo conciencia de que debo tener paciencia con los demás y que debo ser tolerante.

Actúo conforme pienso y creo, pero acepto a los otros como son.

Si puedo ayudar a alguien a salir de un estadio de comprensión inferior, lo hago con cariño y con sencillez.

Nadie me puede impedir a ser yo mismo porque sólo sucede en mí lo que acepto en mi mente. Sí, de ahora en adelante, seré mucho más comprensivo, paciente y tolerante.

Y así, todos me apreciarán mucho más.

Dios es mi luz y mi fuerza en todas las situaciones.

Así es y así será. Amén.

Oración para pagar todas las deudas

Padre Creador, que me dejaste el universo como herencia, ábreme la fuente de la riqueza infinita para que, ahora mismo, empiece a pagar todas las deudas y me sumerja en la abundancia sin fin.

Sé que toda petición, hecha con fe, da resultado, como enseñó Jesús, por eso, mi petición de compensar mis deudas divinamente ya se ha atendido.

Me pongo bajo la orientación divina. Sigo las instrucciones de Dios y pagaré correctamente todo lo que debo a los demás, pues lo que pertenece a los otros no es mío, ni me hace falta. ¡Que la abundancia infinita se vierta sobre mí como una lluvia torrencial!

Aparto de mí, para siempre, el miedo de pasar necesidad, de empobrecerme y de disminuir mi patrimonio en el caso de pagar las deudas.

Cuanto más pago, más recibo, de acuerdo con la ley de que es al dar que se recibe. Así es, porque, tal como pienso, así sucede.

Gracias, Padre de la riqueza inagotable, por la riqueza inmensa que ha ido llegando a mí cada día, de tal manera que digo a todos, con alegría, que ya estoy a punto de pagar todo correctamente. Tengo una fe inquebrantable.

Mi suerte está cambiando y la riqueza fluye hacia mí.

A partir de ahora, veo todas las cuentas, los duplicados, los pagarés, las cartas, como ya pagadas y los cheques firmados, todo perfecto. Así es y así será. Amén.

Oración para liberarse del pasado

Acepto la verdad de que ni pasado ni futuro existen.

No hay pasado que olvidar, porque no se puede olvidar lo que no existe.

No acepto pensamientos negativos del pasado. Los echo fuera, lejos de mí, como una plaga.

Soy lo que soy ahora y celebro, el milagro de un nuevo día, completamente nuevo y diferente, lo lleno de alegría, de amor, de salud, de éxito, de felicidad y de bienes infinitos.

Cierro la puerta a todo pensamiento negativo que intente hacer retroceder mi vida. Todo está perdonado en el nombre de Dios.

Ahora es una vida nueva. Estoy renacido, con la mente en blanco, pura, positiva e iluminada.

Así es y así será. Amén.

Oración para tener más fe

La fe —me enseñó Jesús— es creer firmemente en la realización de mi palabra, de mi oración o de mi deseo.

La fe es una ley, por tanto, no puedo dudar de que tendrá resultado, siempre que aplico correctamente las premisas de esa ley.

Conozco muchas leyes y creo firmemente en ellas como, por ejemplo, las leyes de la física, de la química, de la astronomía, de la electrónica, de la mecánica, de la matemática y, siguiendo una lógica muy sencilla, no puedo dejar de creer también en la ley de la Fe.

Me digo a mí mismo, con convicción absoluta, que toda palabra en la que se cree también tiene lugar, que toda petición en la que se cree sucede, que toda oración sencilla y unívoca es infalible. Esto es fe.

Muchas cosas ya me han pasado por esta misma ley y quiero que los ejemplos sean una fuerza más para reforzar mi fe.

Señor Jesús, aumenta mi fe. Hazme clara y fácil la comprensión de esa ley grandiosa. Amén.

Oración de la persona mayor

Sobre todo, Señor, dame la comprensión para tirar lejos de mí palabras nefastas y negativas, como vejez, esclerosis, caducidad, parálisis e inutilidad.

Soy hijo de Dios perfecto. Mi mente está conectada con la Mente Infinita, por tanto, mi inteligencia y mi memoria no tienen límites y cada día amplían su dimensión.

Yo soy mi vida; mi vida es mi espíritu, y mi espíritu está conectado con el Espíritu Santo, que está dentro de mí. Por tanto, todo lo que es negativo es superstición.

La Luz Divina me ilumina y la luz que ilumina mi mente positiva ilumina mi cuerpo, dándole las condiciones para un buen funcionamiento de mi mente ilimitada y brillante.

Como la Fuente de la Vida está en mí, debo reconocer que la fuente de la juventud también está en mí.

Con la mente purificada, libre de prejuicios, me siento lúcida, capaz de un discernimiento nítido, portadora de un caudal de conocimiento, experiencias y sabiduría, por eso, hoy soy más útil para la humanidad y el mundo que antes.

Vivo la vida feliz.

Celebro la sabiduría extraordinaria del Creador, que hizo la vida perfecta en todas las etapas; en la juventud me dio más espacio físico para recorrer y menos espacio mental; en la vejez, me da menos espacio físico y más espacio mental para recorrer. De ahí que, a cualquier edad, haya igualdad, porque un espacio es compensado por otro.

Maravilla de las maravillas.

De ahora en adelante, quiero vivir en mis espacios grandiosos una vida bella, bendecida, fecunda, creativa, próspera, útil y feliz. Así es y así será. Amén.

Oración del niño

Estoy muy contento, querido Papá del Cielo, porque estoy vivo, porque estoy creciendo con salud, porque tengo papá y mamá que me aman mucho, porque tengo comida y casa para vivir. Soy feliz porque tú creaste las flores, los animales, las aves del cielo, las estrellas, el Sol, la Luna, los ríos y los lagos con los peces, las montañas, las florestas, el mar, la arena, las piedras y las rocas; soy muy feliz, porque existen tantas canciones bonitas, tanta música, tantas pinturas, tantas estatuas grandiosas; estoy muy alegre, porque los demás me quieren, me enseñan tantas cosas importantes e intentan orientarme en la vida.

Papá del Cielo, quiero ser siempre alegre, bueno, obediente, estudioso, inteligente, fuerte, sano, positivo y lleno de amor.

Papá del Cielo, hazme crecer lleno de salud y feliz. Dame fuerza para estudiar y progresar en la vida.

Gracias por todo, Papá del Cielo. Amén.

Oración del niño que sólo tiene madre

Mi buen Papá del Cielo, estoy muy contento, porque tú me has dado una mamá tan querida, que me quiere mucho. Dame comida y ropa, hazme dormir amorosamente, todos los días, cuida de mí y dame siempre las cosas que necesito.

Papá del Cielo, da salud a mi mamá, porque quiero que ella esté siempre conmigo.

Quiero mucho a mi mamá y la llevo en mi corazón.

A veces, lloro, soy un poco tímido y cosas así, pero quiero mucho a mi mamá y quiero ser siempre obediente, atento y la ayudaré mucho para que ella no tenga que trabajar tanto.

Papá del Cielo, quiero decirte que eres mi verdadero padre. Por eso, no siento falta de nadie. Sé que tú cuidas de mí.

Tengo la certeza de que tú me proteges y me echas una mano en las cosas que me faltan.

Es por eso que soy muy feliz, me siento tan contento y digo que la vida es tan bonita. Amén.

Oración para la armonía entre los hermanos

Dios mío, tú hiciste el universo tan bello, tan armonioso y creaste todas las criaturas para que vivieran en paz, en este mundo de amor y de interacción maravillosa. Además de eso, creaste mi familia, para que ese amor y esa unión comenzaran por un círculo más pequeño y se expandieran hacia la infinidad del cosmos. Con alegría, reconozco que sólo debe existir el amor, la fraternidad, la solidaridad, el cariño y la comprensión entre mis hermanos y yo y estoy haciendo todo para que realmente sea así.

Respeto a cada hermano como es, con su forma de ser y con sus defectos, porque, al fin y al cabo, yo también tengo mis defectos. Pero, sobre todo, hay entre nosotros una unión muy fuerte, y los lazos familiares que nos unen siempre serán más fuertes que cualquier dificultad.

Este amor y esta unión estarán siempre, dondequiera que cada uno esté.

¡Enséñame, Dios Padre, a ser comprensivo, tolerante y paciente!

Dame tranquilidad, para que siempre nos llevemos bien.

Es tan hermoso y tan importante que tengamos una familia y encuentros llenos de afecto, de armonía y de buen entendimiento. Así que te pido, Señor Dios, el bien para mi familia, y estoy seguro de que siempre habrá, sobre todo, amor, unión, armonía, paz, ayuda mutua e inmensa alegría de convivencia. Así es y así será. Amén.

Oración para liberarse de los miedos

Dios habita en mi interior y donde está Dios no hay ningún miedo, porque la luz siempre ahuyenta a la oscuridad. Miedos son tinieblas que intentan perturbar. Pero a mí nunca me perturbarán porque sólo hay Luz en mi vida.

Soy fuerte y poderoso, vencedor del mal, porque Dios está conmigo y Dios y yo somos la fuerza más poderosa del universo.

Un círculo luminoso de protección divina me envuelve y ninguna vibración maléfica o malévola conseguirá penetrarlo.

Ahora soy fuerte, invencible.

Dios está en mí. Como nadie puede contra Dios, nadie puede contra mí.

Es maravilloso tener esta comprensión.

Me siento feliz y libre. Amén.

Oración contra el miedo al fracaso en el negocio

Pongo mi negocio, mi empresa, mi proyecto, bajo la orientación divina. De ahora en adelante, Dios guiará este negocio, trayendo los mejores clientes, iluminando mi mente en las compras y ventas, orientándome en las decisiones. Y, así, cada día, progreso cada vez más, ayudando, de esta manera, a hacer un mundo mejor y más confortable. Así es y así será. Amén.

Oración contra el miedo a presentarse en público

Dios mío, ahora hago un reconocimiento, ante mí mismo y ante todas las personas del mundo, de que soy hijo de Dios perfecto, pleno de cualidades y de dones, muy inteligente, con perfecta memoria, dotado de capacidades superiores, poseedor de una espléndida creatividad y eso me deja tranquilo, seguro de mí mismo y confiando en todas las oportunidades, por lo que tengo el privilegio y el placer de presentarme en público.

Cada vez que me presento públicamente, soy consciente de que todas las personas presentes quieren oírme; les encanta lo que hago y se conectan con mi aura positiva, empática y simpática. Así, está claro que soy siempre un éxito en todas las presentaciones.

Entro en escena siempre tranquilo, relajado, seguro de mí mismo, contento, irradiante, con total lucidez, memoria inquebrantable y la Fuerza Divina actuando en mí.

Soy un éxito. Sí, un gran éxito. Así es ahora y siempre. Amén.

Oración para perder el miedo del vendedor

Por esta oración, me preparo espiritual y psicológicamente para las visitas de hoy. Tomo conciencia de que mi producto es útil, importante, benéfico y deseado.

Irradio paz, amor, salud y progreso hacia la persona a la que ofreceré mi producto.

Me siento siempre relajado porque todos somos uno en el universo y estoy acogido con la misma simpatía que irradio hacia el cliente.

Siempre soy correcto en los negocios, digo la verdad, describo las cualidades existentes, intento ser claro, conciso, brillante como el Sol que ahuyenta la oscuridad, e intento reconocer, en cada momento de la conversación, que el tiempo de la persona que me está escuchando es muy valioso.

En cada momento, pondré en práctica la enseñanza del Maestro: «Actúa con los demás como quieres que actúan contigo».

Así, estoy seguro de que todos me recibirán con enorme simpatía, sintonizarán conmigo, y mis ventas subirán como un cohete.

Rezo siempre esta oración y me siento ahora otra persona, alegre, positiva, como quien va a una fiesta de hermanamiento. Así es y así será, por el poder de Dios en mí. Amén.

Oración del ladrón

Jesús, tú que moriste rodeado por dos ladrones, ayúdame a ser como el buen ladrón, a quien prometiste el paraíso, porque él se compadeció de ti.

Repara en mi buen corazón, tengo buenos sentimientos, llevo amor dentro.

Robo para sobrevivir.

Sí, reconozco que estoy actuando mal, porque, si todos robáramos para sobrevivir, todos moriríamos de hambre y el mundo sería insoportable.

Sé que todas tus leyes son infalibles, como, por ejemplo, la Ley del Retorno, según la cual todo el bien que hago me vuelve a mí, multiplicado. Siendo así, si robo, me roban y, entonces, por ese camino, nunca resolveré mi problema.

Ayúdame entonces, Señor, a dejar este camino equivocado y muéstrame el camino correcto que debo seguir, para ganar dinero de forma adecuada y disfrutar de abundancia en mi casa.

Quiero tener una vida confortable, con la comida y la ropa a mi gusto, y con bastante dinero para mis necesidades.

Tú nos enseñaste la ley del pedid y recibiréis, «porque todo aquel que pide, recibe». Ahora, pues, estoy pidiendo una vida pura, honesta y un trabajo útil, donde pueda actuar correctamente; estoy pidiendo también éxito financiero, una mesa abundante, bienestar material, una casa para vivir y condiciones materiales para tener una vida digna y alegre, junto a mis seres queridos.

Sé que tu Poder no falla, por eso, a partir de ahora, estoy agradecido. Siento que estoy naciendo de nuevo y tengo la certeza de que ahora, sí, mi vida ha cambiado y estoy progresando cada vez más.

Tengo inteligencia, capacidad, tengo dones, creatividad, fuerza de voluntad y tengo a Dios dentro de mí, que es mi fuerza superior, que todo me lo alcanza. Por eso, estoy contento y cambiado.

No tengo miedo de los que no quieren que yo salga de ese camino. Pido que Dios los ilumine, pero yo soy otra persona y estoy protegido y guiado divinamente. Así es y así será. Amén.

Oración del criminal

Señor Jesús, tú me creaste a tu imagen y semejanza, pero yo soy criminal, soy violento, cometo maldades contra las personas y ya he matado.

Sé que después me arrepiento, pero el mal ya está hecho.

Está bien, reconozco que hay forma de evitarlo, porque soy hijo de Dios y Dios jamás crearía a alguien a su imagen y semejanza y, al mismo tiempo, malo, irrecuperable, violento y asesino.

Pero ¿cómo hago, para salir definitivamente de esta situación? Porque quiero salir, principalmente cuando voy a parar a la cárcel, pero soy débil y acabo por cometer el mal de nuevo.

No, no soy malo por naturaleza, porque soy hijo de Dios y ningún hijo de Dios es malo.

Reconozco que ese camino sólo me causa problemas y sufrimientos. No me enriquece porque no tengo nada; no me hace feliz porque estoy siempre huyendo de la policía y de la cadena; no me da libertad porque siempre estoy o escondiéndome o detenido; y sé que mi destino, si continúa así, será el mismo que el de mis compañeros: el cementerio, con un montón de balas y de cuchilladas en el cuerpo. Porque hay una ley irresistible, según la cual, todo lo que se hace, se recibe; quien a hierro mata, a hierro muere; quien mata, está muerto; quien viola, es violado. Y nadie se escapa a esa ley.

Entonces, ¿que estoy haciendo yo en ese callejón sin salida?

Sí, pero estoy pensando que no sé hacer nada más y, además, nadie se fía de mí.

Pero Dios confía en mí y tiene el poder de solucionar mi caso.

Jesús dijo: «Lo que es imposible para los hombres es posible para Dios». Tal vez, entonces, Jesús haga posible el milagro que cambiará mi vida, convirtiéndome en un ciudadano honesto y honrado, que le encuentra gusto al trabajo, gana bastante dinero honestamente, avanza cada día más y se hace rico a través del camino justo y verdadero.

Ya que por el otro camino no he conseguido nada, entraré en tu camino, Dios mío. Pongo mi vida y mi suerte en tus manos.

Sé que muchos lo consiguieron; yo también puedo.

No habrá nadie que me haga volver para atrás: ni las amenazas, ni los traficantes, ni los explotadores, ni los compañeros, ni nadie.

Dios está en mí y Él yo somos la Fuerza más poderosa del mundo, contra la cual nada ni nadie puede.

Soy feliz a partir de ahora y pido a Dios que me provea de un trabajo honesto, que me genere mucho dinero; que me conceda un gran Amor en la vida; que me dé también, salud y me abastezca de amistades benéficas.

Ahora estoy mejor que nunca.

Soy otra persona, porque soy hijo de Dios perfecto.

Así es y así será. Amén.

Oración de la viuda

Padre Celestial, gracias por haberme creado individual, independiente, hija de Dios perfecta, capaz de ser feliz por mí misma; por eso, me siento en paz ahora, llena de vida y estoy muy bien.

Sé que mi marido está en tu mansión, mejor que nunca, por eso, sigo mi vida con alegría, celebrando cada día como un milagro bendecido. Lo dejo contigo, Padre, y no remuevo más el pasado. Cambio de pensamiento enseguida y me vuelco en la alegría de vivir, hacia mis seres queridos que aquí están, hacia la realización de mis objetivos en la vida. Estoy en paz, feliz, llena de vida y salud. Amén.

Índice